삶의 에이스가 되는
『슬램덩크』의 말

삶의
에이스가 되는
「슬램덩크」의 말

강백호처럼
달리고
서태웅처럼
던져라

사이토 다카시 지음
이소담 옮김

자음과모음

시작하며

많은 사람이 '인생 만화'로 꼽는 이노우에 다케히코의 『슬램덩크SLAM DUNK』! 남녀 불문하고 폭넓은 세대가 사랑한 작품이죠. 저는 이 작품을 삼십대부터 여러 번 반복해서 읽었는데요. 이 작품이 만화계의 고전이 되어 오래오래 남아야 한다고 믿습니다. 『슬램덩크』의 매력은 뭐니 뭐니 해도 '인간의 근원적이며 보편적인 문제를 열정적으로 표현한' 점입니다.

　작품의 주 무대는 북산고등학교(이하 '북산') 농구부로, 농구를 통해 등장인물의 인간성과 그들의 성장을 보여줍니다. 농구부원들의 관계는 서로 아주 밀접한데, 서로의 가정환경 같은 것은 전혀 모르고 오로지 농구로만 가까이 연결됩니다. 작중에서 각자의 부족한 부분이 표현되지만, 서로 허물없이 친해지거나 고민을 털어놓는 일은 없어요.

북산 농구부의 감독 안한수는 많은 명언을 남긴 지도자로, 선수들을 한 걸음 물러서서 지켜보는 성향을 가진 인물입니다. 안한수 덕분에 농구부원들은 농구에 열정을 쏟으며 자신에게 주어진 과제를 스스로의 힘으로 극복합니다.

어떤 일에 불타는 열정을 쏟아붓는 경험은 우리의 인생과 인격의 토대를 만듭니다. 함께 싸운 동료와 맺은 밀접한 관계 또한 나를 뒷받침해주죠.

그러나 코로나바이러스가 유행하면서 사람들은 밀접한 관계를 꺼리고, 그런 관계를 맺는 일에서 점점 멀어지게 되었습니다. 그런 상황에서 개최된 일본 제104회 전국고등학교 야구선수권대회에서 처음으로 멋지게 우승을 거머쥔 센다이 이쿠세이고등학교의 스에 와타루 감독은 "청춘은 아주 밀접하니까요"라는 말을 남겼습니다.

이 말은 많은 사람의 공감을 받았어요. 동료와 뜨거운 마음을 주고받으며 같은 것을 경험하는 밀접한 관계가 우리에게 감동을 준다는 사실을 다시금 인식하도록 만들었습니다.

우리가 『슬램덩크』를 반복해서 읽고 싶어하는 이유도 바로 이것입니다.

　요즘에는 제가 가르치는 제자들만 봐도 혼자서 재능을 발휘하거나 능력을 키워가는 사람이 많아졌습니다. 타고나기를 누군가와 힘을 합쳐 무언가에 파고들려는 '열의'가 적은 사람도 있습니다. 하지만 열의는 인간의 원동력이 되어줍니다. 세상에 이름을 남긴 성공한 사람들은 압도적인 비율로 밀도 높은 인간관계를 경험한 사람들입니다.

　이 책에서 소개하는 『슬램덩크』의 명대사를 읽으며, '열의'를 함께 경험하고 '밀접'한 관계를 맺을 수 있는 동료가 얼마나 소중한 존재인지 새롭게 깨닫기를 바랍니다.

사이토 다카시

목차

SLAM DUNK

SLAM
DUNK

제7장	승리	최고의 결과를 움켜쥐려는 각오

SLAM DUNK

도전

1

끝까지
포기하지 않는 삶

포기하면
그 순간이 바로
시합 종료예요….

안한수(안 선생님), #241 「4POINTS」에서

　　　여름 전국대회 2차전인 북산고와 산왕공고의 시합 후반전. 가드·포워드·센터까지 모든 포지션을 경험한 전국 최강급 선수 신현철이 천재적인 플레이를 보인 이후로 북산은 단 하나의 슛도 넣지 못한다. 북산의 주장 채치수도 신현철에게 완전히 기가 눌려 그는 자신과 수준 자체가 다르다고 절망하는 사이, 점수 차이는 보통 승패가 결정된다고 여겨지는 20점까지 벌어진다. 관중석에 앉은 모두가 이미 승부는 끝났다고 생각한다. 그 타이밍에 북산의 감독 안한수(이하 '안 선생님')는 마지막 작전 타임을 부르고, 강백호 대신 권준호를 투입한다. 그러자 강백호는 안 선생님이 시합을 포기했다고 믿고 분노한다.

　　　그런데 "나뿐인가…? 아직 이길 수 있다고 생각하는 건…"이라고 여유롭게 말하는 안 선생님. 강백호가 "포기한 거 아녜요, 영감님…?"이라고 묻자, 안 선생님은 "호? 포기?" 하고 놀라더니, 한때 정대만을 역경에서 다시 일어서게끔 한 이 말을 강백호에게 전한다.

이 대사는 『슬램덩크』를 넘어 만화 역사상 가장 유명한 말이라고 해도 과언이 아니죠. 안 선생님의 이 말에는 이른바 스포츠 동아리의 이상이 담겨 있습니다. 한때 무석중학교의 에이스였던 정대만에게 힘을 주고, 산왕전에서 강백호에게 투지와 열정을 불러일으킨 이 말은, 만화 연재 당시 동아리 활동에 전념하던 중고등학생들에게 '포기하지 않는 마음'이 얼마나 중요한지 알려주었습니다.

금수저나 은수저 같은 수저론이나 '부모 뽑기' 같은 단어로 알 수 있듯이 '유전자 지상주의'를 숭배하는 요즘 세상에는 불경기도 한몫해 어디서나 자포자기한 분위기가 감돌죠. 그러나 유전자나 환경을 핑계로 "나는 이러니까 못 해도 어쩔 수 없어"라고 포기하면, 발전할 가능성은 사라집니다.

배움이나 실천 등 우리가 후천적으로 노력해서 갖출 수 있는 부분은 얼마든지 있어요. 반대로 자신에게 없는 요소만 찾아 변명거리로 삼고 포기하는 것 또한 누구나 할 수 있습니다. 그렇다면 포기하기보다 노력해보면 어떨까요?

아무리 괴로워도 포기하지 않아야만 자신의 인생을 행복하게 만들 수 있고, 다른 사람이 도달하지 못한 곳에 가서 새로운 풍경을 볼 수 있습니다.

'왜 이렇게 괴로워해야 하지' '그냥 얼른 포기하지, 뭐' 이런 생각에 빠졌다면, 마음가짐을 바꿔야 합니다. '지금 나는 차곡차곡 쌓아가는 시기이다' '이렇게 쌓은 에너지를 언젠가 이 세상에 내뿜겠다' 이런 마음을 품으면 내가 꿈꾸던 인생을 살 수 있습니다.

이상

"이상ideal은 플라톤의 '이데아Idea'에서 온 말입니다."

사람이 마음속으로 끝없이 추구하고,
그보다 더한 것을 바라지 않는 완전한 것.
그렇게 되기를 바라는 최고의 상태.

예 이상을 높이 내걸다 ↔ 현실

--- '이상'에 대한 명언 ---

미래는 여러 가지 이름을 가진다.
나약한 자는 불가능이라 부르고,
심약한 자는 미지수라고 부른다.
그러나 용감한 자는 이상이라 부른다.

빅토르 위고 「레 미제라블」 작가

아주 조금 불가능한 일에 도전하자고.

난바 뭇타 만화 「우주 형제」 등장인물

언제나 나다움을 잃지 않는 것. 그리고 나를 믿는 것.
성공한 사람을 흉내 내는 것만은 하지 말 것.

이소룡 영화배우

너희들의 나부랭이 같은 바스켓 상식은 내겐 통하지 않아! 나는 풋내기니까!

강백호, #243 「O.R.」에서

20점 이상 크게 점수 차가 벌어진 산왕전 후반, 북산에 절망감이 감돌기 시작했을 때, 안 선생님이 강백호를 벤치로 불러들인다. 바로 그에게 조언을 하기 위해서였다. 리바운드를 잡아 득점으로 연결하면 그건 곧 4점짜리 효과를 내는 플레이라고 조언한다. 안 선생님은 "그것이 가능하다면, 자네가 추격의 히든카드가 되는 거예요…!"라며 마지막 바람을 강백호에게 맡긴다. 기대를 짊어진 강백호는 "산왕(산왕)은 내가 쓰러뜨린다! by 천재 강백호"라고 내빈석 테이블에 올라가 선언한다.

그다음 강백호는 "이젠 이길 수밖에 없게 되었지?"라며 멤버들을 고무하고, 패기를 잃은 채치수에게 "이길 수 없다고 생각하는 건 아니겠지?"라고 말을 걸어 그를 도발한다. 그 모습을 지켜본 정대만이 "그렇게 쉽게 이긴다고 말할 수 있는 점수 차가 아냐…"라고 말하자, 강백호는 이 대사로 받아친다. 실제로 강백호는 농구를 시작한 지 고작 4개월인 '생초보', 말 그대로 풋내기다. 그러나 풋내기이기에 근거 없는 자신감과 힘을 가지고 있고, 그것은 팀이 막다른 곳에 몰린 순간에 시합의 흐름을 바꾼다.

과학자 아인슈타인은 "상식에는 세상에서 일반적으로 말하는 만큼의 근거가 없다"고 말했습니다. 우리는 태어난 순간부터 '상식'에 둘러싸여 살아갑니다. 가정에서 말하는 상식, 학교에서 말하는 상식, 회사에서 말하는 상식, 세상에서 말하는 상식…. 그런데 상식은 때때로 다른 선택지나 가능성을 제한합니다.

강백호가 농구부원들에게 "너희들의 나부랭이 같은 바스켓 상식은 내겐 통하지 않아! 나는 풋내기니까!"라고 외쳤듯, 강백호를 제외한 다른 선수들처럼 그런 상황에 너무 익숙해지거나 어느 정도 지식을 가지고 있어서 오히려 자신의 가능성을 믿지 못할 때도 있습니다. 강백호는 '풋내기'이기에 강합니다. 초보자이기에 산왕의 강력함이나 일반적인 농구 상식 앞에서도 두려워하지 않고 맞설 수 있죠.

우리도 주변 상식을 새로운 시선으로 바라볼 기회가 있다면 참 좋겠죠. 물론 세상을 새롭게 바라보겠다고 의식한다고 해서 이를 바로 간단히 해낼 수 있는 것은 아닙니다.

그럴 때는 평소와 전혀 다른 커뮤니티, 혹은 지금 사는 곳의 상식이나 규칙이 통하지 않는 외국에 가보면 좋습니다. 그

러면 지금 내가 어떤 상식에 얽매여 살아가는지 알 수 있어
요. 그랬을 때, 당신이 품은 두려움도 놓아버릴 수 있을 것입
니다.

KEY WORD

상식

"상식은 어디까지나 '상대적'이지,
'절대적'이지 않습니다. 이게 중요해요."

학문적 지식과 달리 평범한 사람이 사회생활을 하기 위해 지니거나
지녀야 하는 의견, 행동 양식의 총체.
이는 주로 경험의 축적에서 오고, 시대나 장소, 계층이 달라지면
통하지 않는 것도 있으므로 다분히 상대적이다.

--- '상식'에 대한 명언 ---

상식은 그다지 일반적이지 않다.

볼테르 철학자·역사가

상식에서 벗어난 사상을 두려워하면 안 된다.
오늘날 상식의 대부분은
원래 상식에서 벗어난 사상에서 만들어진 것이므로.

버트런드 러셀 철학자·사회학자

우리 머릿속에 둥지를 튼 상식이라는 이성을
남김없이 버리는 것이 중요하다.
그럴듯한 생각 속에 새로운 문제를 해결할 실마리는 없다.

토머스 에디슨 발명가

전국 제패를
달성하고 싶다면…

이젠 무슨 상황이
벌어지더라도
동요되지 않는…

단호한 결의가
필요합니다!

안 선생님, #216 「황지」에서

전년도 전국대회 승자이자 AA랭크 고등학교인 산왕과의 시합을 하루 앞 둔 북산. 안 선생님이 사전 대책을 세우기 위해 전년도 전국대회 준결승전인 산왕공 고 대 해남대부속고의 시합 영상을 보여주자, 멤버들은 쥐 죽은 듯 고요해진다. 산 왕이 얼마나 대단한지 이해하지 못하는 강백호만이 아무렇지 않았다. 게다가 안 선 생님은 관중석이 전국적으로 인기 있는 산왕의 응원단으로 꽉 찰 거라고 예상한다. 북산은 전국대회 토너먼트를 끝까지 이겨낸 경험과 자신감으로 무장한 산왕과 '왕 자 산왕'의 패배를 바라는 사람이 아무도 없는 경기장 분위기와 맞서야 했다.

113 대 83이라는 엄청난 차이로 산왕이 해남을 무찌르는 시합을 지켜본 북산 멤버들. 자신들에게 승산이 전혀 없다는 것을 깨닫고 할 말을 잃는다. 그때 안 선생님이 느릿느릿 여유롭게, 그러나 위엄을 담아 이 말을 한다. 이때 말한 '단호한 결의'라는 단어는 시합 최후, 승부의 열쇠를 움켜쥔 강백호의 각오로 이어진다.

제1장 도전   끝까지 포기하지 않는 삶   **23**

이전에 자신들이 이기지 못했던 해남도 산왕에게 크게 져버린, 너무도 잔혹한 현실을 목격한 멤버들. 게다가 안 선생님은 이런 잔인한 소리까지 합니다.

"(산왕은) 작년 전국대회의 토너먼트를 끝까지 이겨낸 '경험'이 있어요."

"이 차이는 생각보다 큽니다. 하긴… 그 차이를 보일 정도로 산왕을 괴롭힐 수 있다면의 얘기지만요…"

그런 다음 "전국 제패를 달성하고 싶다면… 이젠 무슨 상황이 벌어지더라도 동요되지 않는… 단호한 결의가 필요합니다!"라고 말을 잇습니다.

이때 안 선생님은 '통설, but' 수법을 썼습니다. '통설(로는 불리하다), 그러나 ~하다'와 같은 구조로 말해 멤버들의 감정에 직접적으로 호소했습니다.

평소에는 차분한 안 선생님이 드물게 위엄을 담아 멤버들에게 말했으니 산왕이라는 존재가 얼마나 대단한지 알 수 있습니다. 한편으로는 멤버들이 산왕이라는 큰 벽을 넘기를 바라는 안 선생님의 마음도 잘 드러납니다.

이것은 산왕전 막바지에 다친 몸으로 코트에 복귀하면서

강백호가 하는 각오, "영감님…. 간신히 생겼어요. 영감님이
말했던 거…. 단호한 결의라는 것이"로 이어집니다.

결의

"결의는 무거운 말이니 가벼운 마음으로 사용하면 안 됩니다."

어떤 중대한 일에 자기 생각이 어떤지 분명하게 정하는 것.
혹은 그런 생각 = 결심.

─── '결의'에 대한 명언 ───

그대의 결심이 진정 굳건하다면 이미 희망의 절반은 실현되었다.
꿈을 실현하겠다는 강렬한 결의가
가장 중요하다는 것을 잊으면 안 된다.
에이브러햄 링컨 미국 전 대통령

네 인생은 너 자신의 결의와 함께 성장한다.
제이 에이브러햄 경영 컨설턴트

성공하고 싶다면 간단하다.
자신이 하는 일을 이해하고 푹 빠지고,
또 믿으면 된다.
윌 로저스 방송인

이런 힘든 상황에서야말로 난 더욱 불타오르는 녀석이었다…!

어서 계속하자고!
내 리듬이
깨지기 전에!

　　전국대회 지역 예선전 결승 리그 진출을 건 북산 대 상양의 후반전. 남은 시간은 10분, 상양이 앞선 상황에서 정대만은 체력의 한계를 느낀다. 정대만은 크게 다치고 나서 농구를 그만둔 이후로 불량하게 지내느라 2년을 허비했고, 그 공백을 뼈저리게 후회한다. 그런데 안 선생님은 벤치에 앉은 권준호에게 "지금부터 대만군의 힘이 절대적으로 필요해요. 지쳐 있어도… 그를 뺄 수는 없어요"라고 말한다.

　　한편, 상양의 포워드인 장권혁은 중학교 시절에 자신을 무시했던 정대만을 맨투맨으로 수비한다. 장권혁은 "고교 농구를 우습게 보지 마라, 정대만!"이라고 위협하는데, 의욕이 앞서는 바람에 파울을 저질러 정대만에게 자유투 기회를 준다. 이때 정대만은 이 말을 떠올린다. 과거 중학 MVP를 따낸 대회 결승전, 코트 밖으로 나간 루스볼loose ball을 내빈석에 있던 안 선생님이 정대만에게 건네며 했던 말, "마지막까지… 희망을 버려선 안 돼. 단념하면 바로 그때 시합은 끝나는 거야"를 말이다. 그 시합에서 정대만은 마지막 12초를 남기고 자신의 팀이 열세인 상황에서 슛을 넣어 역전을 이룬다.

상양의 포워드 장권혁의 수비로 움직일 수 있는 범위가 꽉 막힌 정대만. 그때 정대만은 '이런 상황에서야말로 불타오르는 놈'이라고 자화자찬하며 열의를 불태웁니다. "나는 할 수 있어"라고 말하면서 자기 긍정감을 높이고, 마음속 열정에 불을 지른 것이죠. 본받고 싶은 '자화자찬' 능력입니다.

우리 사회는 '겸손함'을 미덕으로 여깁니다. 물론 큰 성공을 거뒀을 때 겸손함을 잊으면 안 되는 건 맞아요. 다만 너무 괴로울 때, 열세에 몰렸을 때는 자신을 칭찬해줘야 합니다.

저는 학창 시절에 테니스 동아리에서 활동했습니다. 당시 동료의 플레이뿐 아니라 제가 플레이할 때도 "잘했어!"라고 외치며 스스로 의욕을 북돋웠죠.

입 밖으로 소리 내서 자화자찬하는 것은 조금 부끄러울 수 있어요. 그렇다면 마음속으로 하면 됩니다. 속으로 하면 주변 시선을 신경 쓸 필요도 없으니 실천하기 쉽죠.

살다 보면 자기 자신을 인정해줄 기회가 그렇게 많지 않습니다. 일이 잘 풀릴 때는 겸손하되, 그렇지 않아 괴로울 때는 자화자찬 능력으로 어려움을 극복해봅시다.

자화자찬

**"자화자찬自畵自讚은 본래 자기가 그린 그림을
칭찬한다는 뜻입니다."**

자기가 한 발언이나 행동을 스스로 칭찬하는 것.

―――――――― '자화자찬'에 대한 명언 ――――――――

평생 가슴에 새겨두어라.
너는 네 생각보다 용감하고 보기보다 강하고,
스스로 생각하는 것 이상으로 현명하다는 사실을.
앨런 알렉산더 밀른 「곰돌이 푸」 작가

내 인생은 나만의 것.
그러니 나는 다른 사람의 길 안내는 받지 않기로 했어요.
글레넌 도일 작가

무리하지 마라,
빨강 까까머리….
네겐 미래가 있다.
나는 대항하면 봐주지
못하는 남자란 말이다.

신현철, #268 「최강·산왕의 체력」에서

　　무패를 자랑하는 산왕은 북산과의 시합에서 후반 1분 30초를 남겨놓고 7점 차로 점수를 벌렸는데, 다들 멈추기는커녕 봐주지 않고 북산을 몰아간다. 송태섭이 자신의 특기인 드리블로 뚫으려고 해도, 산왕 멤버들은 도진우 감독이 지시한 존 프레스로 압박한다. 그들은 한계를 모르는 체력으로 완벽하게 수비해나간다.

　　관중들은 마지막 희망인 강백호에게 성원을 보내지만, 양호열은 "뭔가 이상해" 하고 강백호의 이변을 깨닫는다. 강백호 본인도 루스볼을 잡으려고 날아올랐을 때 다친 등에 통증을 느끼고 '아프다… 역시 아파… 왜 이렇지? 도대체…' 하고 내심 초조해한다. 그 모습을 본 산왕의 신현철은 곧바로 강백호에게 이 말을 했다. "떡판 고릴라 녀석… 눈치챘어!" 하고 신현철의 통찰력에 놀란 강백호, 그때 그의 머릿속에 '선수 생명'이라는 단어가 스친다. 바로 그다음에 채치수가 놓친 슛을 리바운드해 덩크슛을 넣은 순간, 강백호는 등에 격통을 느낀다.

강백호에게 전하는 신현철의 말에서 그의 깊은 통찰력과 다정한 마음을 느낄 수 있습니다. 그와 동시에 산왕이 부동의 왕자라고 불리는 이유를 알 수 있습니다. 그건 바로 '적당히 봐주지 않는 정신'입니다.

'(이미 정상의 자리에 오른) 왕자인데도 적당히 봐주지 않는 것'이 아니라 상대가 누구든, 지금 상황이 어떻든 '적당히 봐주지 않기 때문에 왕자로 있을 수 있다'는 점이 중요합니다.

적당히 봐주며 완급을 조절하는 것의 반대는 긴장감을 유지하며 상대하는 것입니다. 상대방을 '긴장할 만한' 존재로 인식하면, 이쪽도 실력 이상의 힘을 낼 수 있죠. 그러니 성장하려면 지금 눈앞에 있는 상대방이나 일에 '긴장감'을 느껴야 합니다.

NBA 슈퍼스타 마이클 조던은 1996년에 자신의 소속팀 시카고 불스와 계약을 갱신하면서 자신과 콤비였던 스코티 피펜의 계약 조건 개선을 요구했습니다. 자기 계약서에 남의 계약 조건에 관한 조항을 넣다니 전대미문의 일이죠.

왜 그랬을까 생각해보니 어쩌면 조던이 가장 피하고 싶은 상황은, 자신과 필적하는 능력을 지닌 피펜이 대우에 부당함을 느껴 팀을 나가는 것이었을지도 모릅니다. 그만큼 조던은 '긴장할 수 있는 관계'를 중요하게 여긴 것이죠.

그 후, 조던과 피펜이 속한 시카고 불스는 리그 3연패의 위업을 달성합니다. 절차탁마한 두 사람은 지금까지도 명콤비로 기억됩니다. 이 모습이야말로 건강하게 서로 '긴장할 수 있는 관계'죠.

완급 조절

**"완급 조절은 원래 균형을 잡는다는 의미로
부정적인 뜻은 없습니다."**

① 상황에 맞춰 적당히 균형을 잡는 것.
② 운동 경기에서, 강한 상대에게는 전력을 다하고
상대적으로 약한 상대에게는 힘을 아끼는 것을 이르기도 함.

--- **'완급 조절'에 대한 명언** ---

노력에는 도망칠 길이 없다. 노력을 사랑하라.

로저 페더러 테니스선수

나는 나이를 구별하지 않고 모든 친구를 존중하고 싶었다.
존경하는 마음을 품고 사귀고 싶었다.
그래서 나는 어린 친구라도 낮춰 보지 않고
불만이 있으면 그대로 말했다.

다자이 오사무 「인간실격」 작가

현(지역)내 왕자, 해남과
전국대회 출전을 걸고
싸우는 것을
매일 밤 머릿속에
그리고 있었다.

1학년 때부터
계속 말이다.

반드시 이기자!

이 대사는 해남과의 시합 직전, 채치수가 멤버들에게 한 말이다. 채치수는 중학교 1학년 때부터 전국 제패를 꿈꿨으나, 그간 좋은 동료를 만나지 못했다. 북산 농구부 입부 당시 농구부원들에게 "강요하지 마, 전국 제패라니" "너도 키만 컸지 실력이 형편없으니까 해남도, 상양도 갈 수 없었던 거잖아" "너랑 함께 농구 하는 건 숨이 막혀"라는 말을 듣기도 했다. 동급생이자 중학 MVP인 정대만은 유일하게 채치수처럼 강한 의지를 지녔으나 부상을 얻자 농구부를 떠났고, 이후 고군분투하는 채치수의 마음을 이해하며 곁에 남은 사람은 권준호뿐이었다.

"나는 언제나 잠자기 전에 이날을 생각해왔다…." 채치수가 몇 년 동안 쌓아온 마음과 확고한 의지를 이렇게 말로 동료에게 표현한 것은 이때가 처음이다. 이 장면은 산왕전 중간에 눈물을 흘리는 채치수를 본 권준호가 "옛날부터 이런 동료를 원했는데…"라고 말하는 장면과도 이어진다.

동료가 자신을 이해해주지 않아도, 정대만이 떠나도, 채치수는 고등학교 1학년 때부터 전국대회 출전을 걸고 해남과 대결하는 것을 꿈꿨습니다. 이 말에서는 채치수가 상상했던 순간이 현실로 다가왔다는 것을 알 수 있고, 그의 확고한 의지를 느낄 수 있는 동시에 초심의 중요성을 알려주기도 하죠.

일본의 전통 가무극인 '노能'를 완성한 제아미는 "초심을 잊지 말라"라는 유명한 말을 남겼어요. 여기에는 '매 순간 처음 시작했을 때의 풋풋한 마음을 떠올려야 한다'는 의미와 함께 더 깊은 의미도 있습니다. 바로 '미숙했던 시절을 잊지 말고 끝없이 나아가기를 바라야 한다'는 의미입니다.

이쯤에서 포기하고 놓아버리고 싶다는 생각이 드는 바로 그때야말로 초심을 떠올려야 합니다. 지금은 너무 괴로워도 그 일을 처음 시작했을 때는 두근거렸을 테고, '나는 이걸 해야만 직성이 풀려!' 하며 흥분도 했겠죠.

또한, 제아미의 말처럼 초심을 떠올리면 어느 순간 교만해진 자신의 마음을 고삐 잡듯이 다잡을 수 있습니다. 이처럼 초심에는 괴로운 상황에서 의욕을 높이는 효과와 더 큰 성장을 촉진하는 효과가 있습니다. 그러니 한번 '그 시절'을 떠올리며 한 걸음 앞으로 나아가면 어떨까요.

초심

"불교에서는 '처음으로 깨달음을 추구하는 것'이라는 뜻으로 쓰입니다."

1 처음 생각했을 때의 순진한 마음 = 초지.

(예) 초심을 관철하다, 초심으로 돌아가다

2 어떤 일을 처음으로 배우기 시작한 것. 또는 그 양상 = 초학.

'초심'에 대한 명언

우리는 인생의 여러 단계에 초심자로 도착한다.

라로슈푸코 작가

초심을 지닌 자, 결코 두 개의 화살을 갖지 말라.
두 번째 화살에 의지해 첫 번째 화살을
소홀해하는 마음이 생기니.

요시다 겐코 작가

일을 시작하는 방법은 말을 그만두고
일단 손을 움직이는 것이다.

월트 디즈니 '디즈니랜드' 설립자·영화 제작자

미안하지만
너희의 기대대로는
되지 않을 것이다….

채치수, #221 「신황을 불리고 싶다고 생각했다」

산왕과 북산의 시합 시간이 다가오자 관객이 줄지어 입장한다. 취재하러 온 『주간 바스켓볼』 기자 박하진은 관객 대부분이 "산왕을 보러 온 거야"라고 말한다. 실제로 "누가 뭐래도 신현철이지! 그 녀석의 플레이는 보기만 해도 속이 후련하다니까!" "이명헌이다. 언제나 이명헌의 좋은 패스가 있기 때문에 산왕의 플레이가 살아나는 거야" "산왕을 빨리 보고 싶다" 같은 관객들의 대화가 채치수나 안 선생님의 귀에도 들린다. "산왕 팬이 많은 것 같군요"라는 안 선생님의 말에 채치수는 "거의 대부분입니다"라고 대답한다.

그런데 천천히 심호흡한 채치수는 관객석을 보곤 씩 웃으며, 이 말을 한다. '시합 전의 공포심은 누구라도 있는 법. 두려움 그 자체를 받아들여, 그것을 뛰어넘을 때야말로 비로소 최고의 정신 상태에 이르는 것이다. 과연 치수 군…. 그걸 뛰어넘었군요'라고 생각하며 빙긋 웃는 안 선생님. 이 장면에서는 채치수를 향한 안 선생님의 신뢰도 느낄 수 있다.

주변에서 부정적인 평가를 받거나 부당한 취급을 받으면 우리 감정도 부정적으로 물들기 쉽죠. 부정적인 감정은 어쩔 수 없이 생기고, 그 자체는 부정할 수 없어요. 하지만 바로 그때, 감정의 방향을 바꾸는 것이 중요합니다.

'복수하고 싶다'라는 생각이 든다면, 감정의 에너지는 그대로 두되 방향성을 바꿔 '좋아, 나를 다시 보게 할 테다'라는 열의를 품는 것입니다. 그러면 부정적인 감정도 얼마든지 긍정적으로 활용할 수 있습니다.

저는 초등학생 때, 리코더를 못 분다고 친구들에게 심하게 놀림을 받은 적 있어요. 그때 느낀 분한 마음을 발판으로 삼아 열심히 연습한 결과, 나중에는 몇십 곡이나 연주할 수 있게 되었어요. 요즘 세상에서는 면 대 면 만남뿐 아니라 온라인상에서도 험담을 들을 수 있습니다. 그럴 때는 자신이 들은 험담을 성장의 기폭제로 삼아보세요.

하지만 가끔은 짜증이 나거나 부정적인 감정을 수습하지 못할 때도 있을 겁니다. 만약 일하다가 부정적인 감정이 생기면, 그 생각이 더 뻗어나가지 못하게 해보세요. 일과 관련한 것을 아예 차단할 수 있도록 생각의 방향을 옮기는 방법을 추

천합니다. 예를 들어 『슬램덩크』 같은 명작을 읽으며 그 세계에 푹 빠지는 것도 괜찮죠.

기대

"'기대'는 '희망'보다 수동적인 뉘앙스를 가지고 있습니다."

과거의 경험 및 현재 상황을 바탕으로
어떤 대상, 현상, 사건 등이 나타날 것을 대비하고 기다리는 것,
이른바 행동 준비 상태의 일종.

─── '기대'에 대한 명언 ───

어제에서 배우고, 오늘을 살고, 내일을 기대하자.

알베르트 아인슈타인 물리학자

인생에 뭔가 기대하는 것은 틀렸다.
인생이 그대에게 기대하는 것이다.

빅터 프랭클 의사, 『죽음의 수용소에서』 저자

영감님의 영광의
시대는 언제였죠?
국가대표였을
때였나요?
난 지금입니다!

강백호, #270 「영광의 순간」에서

산왕전에서 20점 이상의 점수 차를 맹추격해 8점 차까지 쫓아간 북산. 후반전 2분을 남긴 타이밍에 날아올라 루스볼을 건진 강백호는 내빈석 위로 떨어지며 등을 다친다. 그래도 바로 시합에 복귀해 채치수가 놓친 슛을 리바운드하고 덩크슛을 넣는데, 이때 등에 격통을 느껴 서 있지 못하고 부축을 받으며 벤치로 물러난다.

벤치에 엎어져 쓰러진 강백호의 뇌리를 스친 것은 지금까지 자신이 해온 연습 풍경이었다. "이것으로 끝이란 건가요…? 농구…" "빌어먹을" 하고 분통을 터뜨린 강백호는 잠시 후 선수 교체를 요청한다. 그러나 안 선생님은 "자네 몸의 이상은 바로 알았네…. 알고 있으면서도 자넬 바꾸지 않았지" "조금만 늦었어도, 난 평생을 후회하며 살아갔을 거네"라며 코트로 돌아가려는 강백호를 말린다. 이때 강백호가 안 선생님에게 한 이 말에는 선수 생명을 걸고서라도 끝까지 싸우겠다고 맹세한 강백호의 '단호한 결의'가 담겨 있다. 바로 안 선생님에게 배운 것이다.

이 말은 작중 최고의 명대사이자 저 또한 가장 좋아하는 대사입니다. 이 대사가 많은 독자의 마음을 사로잡을 수 있었던 것은 '대비' 구조를 멋지게 사용한 덕분이죠.

"영감님의 영광의 시대는 언제였죠? 국가대표였을 때였나요? 난… 난 지금입니다!"라는 대사는 '영감님—강백호'와 '과거(국가대표)—지금'이라는 대비 구조로 성립합니다. 강백호가 단순히 "내 영광의 시대는 지금이다!"라고 말하지 않고 안 선생님과의 대비 구조를 활용한 덕분에 더 큰 설득력이 생긴 것이죠.

나아가 이 말에는 강백호의 각오와 절대 후회하지 않겠다는 기백이 담겼기에 독자의 감정을 흔들었죠. '후회하지 않도록 살겠다'라는 말, 흔하게 듣고 말하지만 실제로 실천하기는 어렵습니다.

여러분은 여러분 인생이 언제든 끝나도 좋다고 말할 수 있을 정도로 매일 열심히 살고 있나요? 어쩌면 여러분에게는 아직 하고 싶은 일이 잔뜩 남았을지도 모릅니다. 그러나 인생은 참으로 덧없죠.

"내일 하자는 건 바보나 하는 짓"이라는 드라마 대사가 있습니다(2007년에 방영된 〈프러포즈 대작전〉이라는 일본 드라마에서 나온 대사—옮긴이). 후회를 줄이려면, 가능한 한 자신이 세운 목표를 언제까지 이루겠다는 제한 시간을 명확하게 정해두고 행동하는 것이 중요해요.

후회

**"'나중에 후회해도 소용없다'라는 말처럼
후회는 아무런 도움이 안 됩니다."**

자신이 한 일을 나중에 실패했다고 분통해하는 것.

㉠ 잠깐의 쾌락 다음에 찾아오는 긴 후회, 지금 후회해도 소용없다

'후회'에 대한 명언

내가 죽을 때 어떨지는 모르지만 살면서 후회하고 싶지 않다.

이타도리 유지 만화 『주술회전』 등장인물

만약 오늘이 내 인생 마지막 날이라면,
오늘 하려고 했던 일을 정말 하고 싶을까?

스티브 잡스 '애플' 창립자

한 번 실패했다고 모든 것을 실패한 것은 아니다.

마릴린 먼로 배우

2

노력

지금 할 수 있는 일을 계속하는 자세

왼손은 거들 뿐….

강백호, #275 「and 1」에서

　　산왕전이 끝나기까지 10초가 남은 타이밍에 산왕의 에이스 정우성의 슛이 들어가 역전당한 북산. 그때 강백호가 곧바로 달리기 시작했다. 채치수에게 패스를 받은 서태웅도 신들린 듯이 드리블하며 달려가 슛을 하려는데, 신현철과 정우성의 높은 장벽에 막힌다. 마지막 2초, 서태웅은 자신을 바라보며 슛을 하려는 자세로 "왼손은 거들 뿐…"이라고 중얼거리는 강백호를 보고, 즉시 그에게 패스를 한다. 마지막 1초, 강백호는 완벽한 점프슛을 넣어 기적적인 역전승을 이루어 낸다.

　　평소 이 두 사람은 견원지간이었는데, 이후 강백호가 서태웅에게 다가가 서 있는 힘껏 하이 파이브 하는 모습은 눈물 없이 볼 수 없는 명장면이다. "왼손은 거들 뿐"이라는 말은, 농구부에 갓 들어온 강백호가 채치수와 슛 연습을 할 때 그에게 반복해서 들었던 말이다. 배운 것을 잊지 않는 강백호의 솔직하고 성실한 인품을 상징하는 장면이기도 하다.

"왼손은 거들 뿐"이라는 말, 농구를 했던 사람이라면 한 번쯤 들어보지 않았을까요? 그만큼 유명한 말인데요. 강백호는 시합 종료를 앞둔 시점에 이 말을 중얼거리며 슛의 기본 동작을 확인합니다.

서태웅은 자신이 신현철과 정우성에 가로막혀 슛을 할 수 없다는 걸 알았을 때, 혼자 서 있는 강백호를 봅니다. 평소의 강백호라면 "공 내놔!"라고 외쳤겠죠. 그런데 이번에는 조용히 패스를 기다리면서 "왼손은 거들 뿐…"이라고 집중하는 모습을 보입니다.

강백호와 서태웅은 둘 다 자아가 강해 자기가 돋보이는 플레이를 선택하는 면이 있습니다. 그런데 이 순간만큼은 두 사람에게서 '내가 최고!'라는 자의식이 사라지고, 승리를 향한 의지만이 남았습니다.

그때까지의 서태웅이라면 무리해서라도 자기가 슛하는 편이 득점 가능성이 높다고 생각했을 수도 있겠죠. 그러나 이 순간만큼은 강백호에게 공을 맡기는 선택을 합니다. 강백호가 이때껏 부단히 노력했고, 충분한 수준까지 슛 능력을 끌어올렸다는 것을 서태웅이 인정하기에 나온 판단입니다.

시합 종료를 알리는 휘슬이 울리기 바로 직전이라는, 궁지에 몰린 상황을 만나면 잡념이 사라지고 지금 해야 하는 일에 집중하게 됩니다. 그 결과, 어쩌면 처음으로 두 사람의 신뢰 관계가 겉으로 드러났을지도 몰라요.

기본

"기본은 '모든 것의 중심'을 의미합니다."

어떤 판단, 행동, 혹은 존재 등의 기반이 되는 것.
= 근본, 토대, 기준, 기초.

─── '기본'에 대한 명언 ───

기본을 제패하는 자가 세계를 제패한다.

파블로 피카소 화가

하고 싶은 일을 실컷 하려면 하기 싫은 일도 실컷 해야 한다.

코마노 츠토무 만화 『치하야후루』 등장인물

처음에는 사람이 습관을 만들고,
나중에는 습관이 사람을 만든다.

존 드라이든 시인

기본이 중요!
그렇죠? 고릴라.
(강백호)

그래.
어쨌거나 반복이다.

반복하고 또 반복해서
몸에 익숙해지도록
하는 수밖에 없어!

(채치수)

강백호&채치수 #137 「3DAYS」에서

전국대회 지역 예선전 결승 리그에서 해남과 격전을 벌이며 2점 차까지 추격한 북산이지만, 강백호의 결정적 패스 실수로 결국 패배한다. 책임의 무게를 느껴 머리를 빡빡 민 강백호. 그의 자신감을 회복하고, 실력 향상이라는 과제를 해결하기 위해 안 선생님은 1학년 대 2·3학년 팀으로 나눠 시합을 하게 한다. 그 결과, 강백호가 골대 바로 아래가 아니고서는 슛을 전혀 하지 못한다는 게 밝혀진다. 그래서 채치수는 강백호에게 결승 리그 2차전까지 남은 사흘간, 팀 연습을 마치고 도합 천오백 개의 슛 연습을 명령한다.

이 대화는 채치수가 "왼손은 거들 뿐"이라고 알려준 바로 다음에 나오는 장면이다. 언제나 반항적으로 굴던 강백호가 불평 하나 없이 슛 연습을 한 것은 드리블, 패스, 리바운드 같은 지루한 기초 연습보다 훨씬 즐거웠기 때문이다. 그러나 연습에 과몰입한 강백호는 2차전 시합 당일 아침에도 슛 이백 개를 연습하고 코트에서 잠들어 시합에 지각하는 큰 실수를 저지른다.

이 장면은 강백호와 채치수의 대화를 통해 반복 연습의 중요성을 강조한 장면입니다. 바로 여기서 『슬램덩크』의 좋은 점이 드러나죠. 요즘 만화는 주인공이 '무쌍無雙'을 펼치는 작품이 많은데, 『슬램덩크』는 등장인물이 기본기를 반복해서 연습하는 장면을 진중하게 다룹니다.

작품 초반, 강백호는 서서 허리를 낮춘 채 계속 드리블 연습만 합니다. 본인은 이런 연습을 왜 해야 하는지 전혀 이해하지 못하지만, 열심히 합니다. 결국 시합에서 착실하게 연습했던 보람이 결과로 증명되죠.

전국대회 직전에 안 선생님과 둘이 슛 연습을 하게 된 강백호. 안 선생님은 슛 이만 개라는 과제를 냅니다. 실제로 난고 쓰구마사라는 무예가가 어떤 것이든 이만 번을 반복하면 자기 기술이 된다고 말한 적이 있습니다. 그 이만 번이 기준이 된 것이죠.

무예에는 규범이 되는 '형식'이라는 개념이 있습니다. 이만 번이나 이 '형식'을 반복하면 어지간한 것은 내 기술로 몸에 익혀지죠. 반복 연습은 지루할 수 있지만 '형식'을 반복하며 자기 것으로 만드는 것이 실력 향상의 지름길입니다.

비슷한 의미로 '양질전화量質轉化'라는 말이 있습니다. 자전거 타는 법을 배운다고 해보죠. 처음에는 넘어지기만 할 테지만 어느 순간 갑자기 요령을 파악하는 때가 오고, 그때부터는 넘어지지 않습니다.

이처럼 양을 거듭하면 질이 단숨에 좋아지는 순간이 있습니다. 이 말을 통해 반복의 중요성을 다시금 확인해보시기 바랍니다.

형식

"형식은 조상이 남긴 발자취라 할 수 있습니다."

예능, 기예, 무예 등에서 기예의 전형 혹은 규범, 규칙으로 존중되는 것.
명배우나 명인이 창조한 표현법이나 기법을 말한다.

─── '형식'에 대한 명언 ───

작은 일을 거듭하는 것이
아주 멀리까지 가는 유일한 길이다.

스즈키 이치로 야구선수

눈앞의 승패에 연연하지 말고 기본에 충실하고
올바른 연습을 꾸준히 거듭한다.
그것이 곧 대성으로 가는 길이다.

이치카와 하지메 검도가

내가 지금
할 수 있는 것을 한다!
해보일 테다!

강백호, #111 「킹콩 동생 에이스」

16년 연속 전국대회에 출전한 경험이 있는 지역 내 넘버원 강호 해남과의 시합 중에, 채치수는 발목을 다쳐 처치를 위해 코트를 떠난다. 그때 안 선생님은 강백호와 서태웅에게 "채치수 군이 없는 지금, 인사이드는 두 사람에게 달렸어요. 둘이서 골밑을 사수하는 겁니다"라고 말한다. 평소에는 가볍고 밝은 분위기 메이커인 강백호인데, 이때는 "고릴라가 빠진 구멍은 내가 메운다!"라며 의욕 넘치는 모습을 보인다. 그렇게 해남의 자칭 넘버원 루키 전호장의 슛을 고릴라(채치수)에게 배운 파리채 블로킹으로 막아낸다.

또 "골밑은 전장이다! 자신의 골밑은 어떻게 해서든 사수해야만 해!"라는 채치수의 말을 떠올리며 리바운드를 해낸다. 채치수의 빈자리를 대신해 리더의 책임감을 보여주는 강백호. 그 모습을 본 안 선생님이 "조금은 어른이 된 것 같군…. 백호 군이…"이라고 말하는 장면에서는 제자를 바라보는 따뜻한 감정이 느껴진다. 채치수의 부재라는 커다란 구멍을 메우기 위해 드리블, 패스, 풋내기 슛(레이업), 자기가 가진 무기를 떠올리며 의욕이 넘치는 강백호는 기특하고 믿음직스럽다.

이 말은 강백호의 성장이 잘 드러나는 대사입니다. 해남전 전반, 정신적 지주인 채치수가 부상 때문에 잠시 코트를 떠나자 북산은 궁지에 몰립니다. 그때, 언제나 자칭 '천재'라며 허풍을 떨던 강백호가 처음으로 자신이 지금 할 수 있는 일을 자각합니다.

강백호가 진지하게 현실을 인식하고, 팀을 이끌고 나아가겠다는 의지를 보이는 모습이 인상적인 장면입니다. 북산은 평소에 다들 마이 페이스인 개성파 군단이지만, 팀이 궁지에 몰리자 협조하며 힘을 모으는 모습도 가슴이 뭉클해지죠.

강백호나 해남의 전호장처럼 자신에 대한 믿음이 강한 것도 하나의 무기지만, 확실하게 내 기술을 갖춰 자신감을 뒷받침하는 힘도 당연히 필요합니다. 강백호는 지금껏 연습한 드리블, 패스, 풋내기 슛, 리바운드, 이 네 가지 기술을 제대로 해내야 팀이 승리의 길로 갈 수 있다는 것을 깨닫습니다. 이어서 "아냐…. 하나 더"라며 "천재적 재능에 의한 덩크"라고 덧붙여 말하는 모습도 참 강백호답죠.

"지금 할 수 있는 것을 한다"라는 강백호의 말은 우리가 살아가는 데 큰 도움이 될 의지 가득한 말입니다. 아들러 심리학에서는 이를 '과제 분리'라고 하는데요. 조절할 수 없는 문제는 최대한 생각하지 않는다, 직접 조절할 수 있는 문제에만 집중한다. 이 두 가지만 지키면, 고민이나 정신적인 부담이 크게 줄어듭니다.

'끙끙 고민해봤자 무슨 소용이람' '지금 할 수 있는 일에 집중하자'라고 생각하게 해주는 강백호의 결의 어린 말, 우리도 가슴 속에 품어봅시다.

과제 분리

"'다른 사람의 과제'를 '내 과제'로 착각하지 맙시다."

다른 사람이 극복할 과제와 내가 극복할 과제를 나누는 것.

───────── '과제 분리'에 대한 명언 ─────────

남이 욕을 퍼붓고 미워해도 당신이 신경 쓸 것 없다.
상대방이 당신을 어떻게 생각할지는 그 사람의 과제이므로.

알프레드 아들러 정신의학자

때로는 질문이 복잡해졌을 뿐이지 답은 지극히 단순하기도 해요.

닥터 수스 아동문학 작가

문제를 두고 걱정하지 말고 그걸 어떻게 해결할지 걱정하라.

샤킬 오닐 농구선수

이제 내겐 링밖에 보이지 않아!

정대만, #248 「2년이나」에서

정대만의 3점 슛으로 겨우 점수 차를 줄인 북산, 그러나 산왕의 주장 이명헌의 슛으로 또 20점 차로 돌아간다. 그러자 정대만은 송태섭에게 "날 활용해라"라고 말한다. 채치수가 스크린을 걸어주리라 믿고 "내가 오픈이 된다…. 놓치지 마라…!"라면서 말이다.

그러나 눈앞이 가물거리기 시작한 정대만. 그는 "나, 체력이 형편없군…. 담배는 단 한 번도 피우지 않았는데…" 하고 2년간의 공백을 아쉬워한다. 그래도 "달리는 것도… 빠져나가는 것도… 아무것도 할 수 없다…. 그런 나에게서 3점 슛을 빼앗아가면, 이젠 아무것도 남지 않는다…!" 하고 죽을 각오로 송태섭에게서 패스를 받는다. 그는 마음속으로 이 말을 외치며 최고의 3점 슛을 넣는다. 설령 자신은 당장 쓰러져도 이상하지 않은 상황이라도 팀플레이를 통해 이길 수 있다는 것을 증명한 순간이었다. 관중석에 있던 해남의 남진모 감독은 '녀석은 지금 아기처럼 자기편을 완전히 의지함으로써, 어떻게든 버티고 있는 것이다…'라며 정대만의 심정을 헤아린다.

이 말은 정대만이 존(극한의 집중 상태)에 들어간 것을 짐작할 수 있는 대사입니다. 몸은 지칠 대로 지쳤는데 감각만큼은 아주 예리해진 상태인 정대만이 믿을 수 있는 것은 슛 기술입니다.

그는 수많은 관중이 지켜보는 가운데 산왕을 상대하면서도 '링밖에 보이지 않는다'라며 자신에게 찾아온 '정적'을 표현합니다.

이후 그에게는 3점 슛이 들어가는 소리만이 들립니다. 그 소리를 들은 정대만은 "이 소리가… 나를 되살아나게 한다. 몇 번이라도…"라고 말합니다.

'부활'은 정대만을 상징하는 키워드죠. 무석중 시절, 대회 결승전에서 팀이 질 것 같다고 정대만이 내심 포기했을 때, 내빈으로 온 안 선생님이 "단념하면 바로 그때 시합은 끝나는 거야"라는 말을 합니다. 덕분에 의욕을 되찾은 정대만은 결승 슛을 넣어 팀을 우승으로 이끌죠.

이후 위풍당당하게 북산 농구부에 들어오는데, 부상을 겪고 농구를 그만두게 된 후로 불량해집니다. 게다가 농구부원에게 폭력을 쓰기까지 합니다. 그런 과거가 있는 정대만이지만, 체육관에서 농구부원들과 대판 싸운 뒤 자신의 잘못을

반성하고 농구부에 돌아와 팀의 유일무이한 존재로 활약합
니다.

상양전 그리고 이 대사가 등장하는 산왕전에서 정대만은
몇 번이나 궁지에 몰리지만, 그때마다 불사조처럼 멋지게 부
활하죠. 그 모습은 언제나 우리의 마음을 사로잡습니다.

존

"존에 들어가면 경치나 소리를 인식하지 못한다니 참 신기하죠."

극도로 집중했을 때 경험하는 특수한 정신 상태.
스포츠를 할 때 공이 슬로우모션으로 보이거나,
너무 즐거워서 피로를 느끼지 못하거나,
시간이 멈춘 것처럼 느끼는 감각.

'존'에 대한 명언

집중력이 높아져 최고의 상태에 들어가면,
주변의 모든 것이 슬로우모션으로 보인다.

조 몬태나 미식축구선수

성공하려면 자기 힘을 한 지점에 집중하는 것이 필수 불가결이다.

토머스 에디슨 발명가

몸이 기억하고 있다. 몇백만 개나 쏘아온 슛이다.

서태웅, #208 「에이스의 품격」에서

전국대회 첫 상대 풍전의 핵심 선수인 남훈은 상양의 에이스 김수겸을 다치게 해 코트에서 물러나게 한 전적이 있어서 '에이스 킬러'라고 불린다. 남훈은 동료 강동준과 함께, 풍전의 전 감독인 노 선생님이 가르쳐준 '런 앤 건' 플레이 스타일을 사수하는 동시에 상대 팀 선수를 도발하거나 다치게 하는 지저분한 플레이로 지금껏 이겨왔다. 그런 남훈과 맞대결하던 북산의 에이스 서태웅은, 남훈이 고의로 휘두른 팔꿈치에 맞아 왼쪽 눈을 다쳐 벤치로 물러난다.

그런데 후반전, 코트로 돌아온 서태웅은 한쪽 눈이 안 보이는데도 멋지게 슛을 넣는다. 그때 한 말이 바로 이 대사이다. 이어서 송태섭에게 패스를 받은 서태웅이 다시 슛을 하다가 상대의 파울로 자유투(프리스로) 기회를 얻는다. 이때 '항상 해왔던 프리스로다. 틀림없이 내 몸이 기억하고 있을 거야…. 몸의 감각을… 믿어라' 하고 되뇌며 두 눈을 감고 슛을 하는 장면은 보는 우리의 영혼까지 떨리게 만든다.

숫을 넣으려면 공간을 지각하는 능력이 필요하죠. 한쪽 눈이 보이지 않는 상태로 숫을 넣는 것은 몹시 어려운 일입니다. 그래도 서태웅은 지금까지 자신이 쌓은 기술과 경험을 믿고 숫을 넣습니다. 그런 다음, 당연하다는 듯이 표정 하나 안 바꾸고 "몇백만 개나 쏘아온 숫이다"라고 말하죠. 참 서태웅다운 장면이에요.

강백호는 전국대회 직전에야 이만 개의 숫을 연습했는데, 서태웅은 이미 자신이 몇백만 개나 숫을 던져왔다고 합니다. 서태웅에게 숫은 자기 기술이 된 거죠.

어떤 새로운 것을 반복을 통해 자기 기술로 만들면, 그 기술은 우리를 자유롭게 만듭니다. 할 수 있는 일의 범위가 늘어나죠. 반대로 자기 기술을 갖추지 못하면 아무것도 못 하고 제자리걸음만 하게 됩니다.

농구를 시작한 초창기의 강백호를 예로 들어보겠습니다. 강백호는 덩크숫 이외(애초에 덩크를 한다는 것이 대단한 일입니다)에는 아무것도 못 했어요.

그래도 드리블에 패스, '풋내기 숫'이라 부르는 레이업, 리바운드까지 자기 기술을 늘려갔습니다. 그러자 시합 중에 공

수 양면에서 활약하는 상황이 많아졌습니다.

　　우리는 처음부터 '내 마음대로 자유롭게 하고 싶어'라고 생각하는데, 순서가 반대예요. 일이든 뭐든 우선 자기 기술을 갈고닦아야만 비로소 자유를 얻을 수 있습니다.

기술

**"의식하지 않고 움직일 수 있게 '신체화'하는 것이
곧 자기 기술이 된다는 겁니다."**

❶ 어떤 일을 하기 위한 일정한 방법이나 수단 = 재주, 기예.

　　㉘ 기술을 연마하다, 기술을 겨루다

❷ 씨름이나 유도 등에서 상대방을 이기기 위해 펼치는
　　일정한 규칙을 따른 동작.

　　㉘ 기술이 들어가다, 굳히기 기술

'기술'에 대한 명언

가장 중요한 것은 기술을 정확하고 최대한 신속하게 하는 것이다.

힉슨 그레이시　이종격투기선수

참고 참고 또 참고, 그걸 통과했을 때 비로소 편해진다.

나야 고키　스모선수

최선을 다해 노력하면 재능을 뛰어넘을 수 있다.
노력을 소홀히 하면 재능을 발휘하지 못한다.

케빈 듀랜트　농구선수

우선은
우리나라 최고의
고교 선수가
되도록 하게.

슬램덩크 #189 「김선길」

능남전 직전에 쓰러진 안 선생님이 무사히 퇴원한 후, 서태웅은 안 선생님의 자택을 찾아가 미국 유학을 가고 싶다는 의사를 밝힌다. 그러자 안 선생님은 곧바로 반대하며 "능남과의 경기 비디오를 봤다…. 태웅이 넌 아직 윤대협에 미치지 못해" "그건 도피하는 것 아니냐?"라고 말한다. 이후 안 선생님은 이 말로 조언한다. 두 사람의 대화를 들은 안 선생님의 아내는 서태웅을 차로 역까지 데려다주면서 안 선생님이 국내 최고의 선수로 키우고 싶었던 조재중이라는 선수의 이야기를 해준다. 예전에 안 선생님은 스파르타 방식으로 제자들을 지도했다. 조재중은 그것을 견디지 못하고 도망치듯 미국 유학을 떠났지만, 성장을 기대할 수 없는 환경에 처해 약물에 손을 댔고 끝내 사고사했다.

그 사실을 알게 된 안 선생님은 대학 농구계에서 물러났고, 스파르타식 훈련을 고수했던 마음을 바꿔 지금의 태도를 가지게 되었다. 내막을 안 서태웅은 이후 안 선생님이 "태웅 군. 난 자네의 의지를 믿고 있네. 우선은 우리나라 최고의 고교 선수가 되도록 하게"라고 다시 조언하자, "앞으로도 많은 지도, 편달을… 부탁드립니다"라고 말한다.

『슬램덩크』를 한마디로 표현하면 '강백호의 성장물'이죠. 그러나 강백호만 성장하는 것은 아닙니다. 강백호가 라이벌로 여기는 서태웅 또한 변화합니다. 명확한 목표가 생기고 해야 할 일이 명료해지면 사람은 달라집니다.

전국대회 직전, 서태웅은 윤대협에게 일대일 농구를 하자고 합니다. 그러나 윤대협은 "일대일도 공격 기술 중 하나에 지나지 않는다. 그것을 깨닫지 못하는 동안엔 네게 지지 않아"라고 말합니다.

윤대협과 겨루고 난 뒤 그의 실력을 몸소 깨달은 서태웅. 농구 실력을 높이고자 안 선생님에게 미국 유학을 가고 싶다고 상담합니다. 그때 안 선생님에게 "우선은… 우리나라 최고의 고교 선수가 되도록 하게"라는 말을 듣죠. 그 말은 서태웅의 마음에 팍 꽂혔습니다.

이후 서태웅은 지금까지와 전혀 다른, 귀기까지 어린 분위기를 풍깁니다. 전국대회 첫 시합인 풍전전에서 한쪽 눈을 다쳤을 때도 안 선생님의 말을 떠올리며 "우리나라 최고의 선수란 어떤 선수라고 생각하나…. 아마 팀을 우리나라 최고로 이끄는 선수이겠지. 내가 그렇게 한다"라고 말하죠.

'더 잘하고 싶어'라고 막연하게 생각하던 서태웅에게 안 선생님은 '국내 최고의 고교 선수'라는 명확한 목표를 주었습니다. 안 선생님의 코칭기술과 더불어 목표 설정의 중요성을 알 수 있는 장면입니다.

목표

"'목적'은 최종 지점, '목표'는 통과 지점이라는 의미가 있습니다."

1 거기까지 가겠다, 해내겠다고 설정한 기준.

2 사격 등의 과녁.

3 표적.

'목표'에 대한 명언

꿈을 크게 갖지 않으면 목표를 달성하지 못합니다.

톰 호바스 농구 감독

잘 들어! 가장 '어려운 일'은 '자신을 극복하는 일'이야!
나는 지금부터 내 '운'을 극복하겠어!

키시베 로한 만화 『죠죠의 기묘한 모험』 등장인물

내일로 미뤄도 되는 건 못 하고 죽어도 괜찮은 일뿐이다.

파블로 피카소 화가

좌절

3

역경에도
꺾이지 않는 사고법

우리가 진 것이 얼마만이냐. 이번 경험은 커다란 재산이 될 것이다.

도진우 감독, #275 「and 1」에서

　　패배를 모르고 국내 최고의 자리에 군림해왔던 산왕이 전국대회 첫 시합에서 C랭크의 무명 고교인 북산에게 진 현실은 믿기 어려웠다. 관중석도 시합 전반에는 산왕을 응원하는 소리로 꽉 찼는데, 시합의 흐름이 바뀌자 무슨 일이 있어도 포기하지 않는 북산의 집념을 응원하는 소리가 더 커진다. 그리고 역사가 바뀐 경기의 마지막 순간, 북산 멤버들은 서로 부둥켜안고, 강백호 군단이나 채소연과 친구들은 감격해서 오열한다.

　　그와 대조적으로 산왕 멤버들은 무슨 일이 일어났는지 이해하지 못하겠다는 듯이 멍한 표정으로 어깨를 축 늘어뜨리고 코트를 떠난다. 그들의 낙담한 모습을 지켜본 산왕의 도진우 감독(이하 '도 감독')은 모두와 함께 복도를 걸으며 "다시 시작하자"라고 말한다. 그다음에 이 말을 한다. 승리가 당연했던 산왕 멤버들에게 이번 패배에는 큰 의미가 있음을 일깨우고, 이 경험을 좋은 비료로 삼아 '왕자'가 아닌 도전자로서 더욱 성장하길 바란다는 바람과 기대를 담은 말이다.

산왕은 북산 앞을 가로막은 '최강의 상대'죠. 산왕은 채치수가 중학생 때 산 농구 잡지에도 소개된 역사 깊은 농구부가 있는 고등학교이고 전국대회 3연패를 기록하기도 한, 누구나 인정하는 강자입니다.

산왕 농구부원들이 북산과 자신들은 수준이 다르다며 상대를 무시하지는 않았으나, 설마 자기들이 패배하리라고는 상상하지 못했을 겁니다. 지금까지 빛나는 성적을 남긴 산왕이니 가족이나 선배, 주변 사람의 기대도 엄청났을 것이고, 그러니 그만큼 충격이 클 테고요.

이처럼 어떻게 보면 도전자보다 '이기는 게 당연'하게 여겨지는 챔피언 쪽의 입장이 더 혹독하다고 할 수 있습니다. 그런 입장이었던 상대 팀이 경기에서 지고 낙담하는 장면을 보여주는 점도 모든 캐릭터를 조명하는 『슬램덩크』답습니다.

크게 낙담한 산왕 선수들에게 도 감독은 이런 멋진 말을 해주죠. 이 말에는 우리가 실패했을 때, 마음을 다잡을 수 있는 중요한 조언이 담겨 있습니다.

'불가사의한 승리는 있어도 불가사의한 패배는 없다'(마쓰우라 세이잔)라는 명언이 있습니다. 야구선수이자 감독이었던 노무라 가쓰야가 좋아하는 말이라고 하는데요. 성공보다 오히려 실패에서 배우는 점이 많다는 뜻입니다.

성공만 계속하면 문제점이나 반성할 점이 잘 보이지 않습니다. 그 결과, 꾸준하게 성장하기는 어려워질 수 있어요. 그러니 설령 실패하더라도 그것을 다음 성공을 위한 비료로 삼을 수 있다면 그것은 '실패'가 아닙니다.

패배

**"패배敗北의 '北'는 방향이 아니라
두 사람이 등을 맞대는 모습을 표현했답니다."**

전쟁에서 져서 도망치는 것. 싸움에 져서 달아남.
현대에서는 단순히 진 것.

───── **'패배'에 대한 명언** ─────

고통 없는 인생은 없습니다. 우리는 문제에 맞서야만 성장합니다.

프레드 로저스 **방송인**

만약 처음으로 실패했다면 그때가 다시 시작할 기회다.

레니 윌킨스 **농구 감독**

진짜 실패란 무엇인가! 개척 정신을 잊고!
고난에 도전하지 않으려는 자들을 말하는 것이다!
이 레이스에 실패 같은 건 없어!
여기 존재하는 건 모험자뿐이다!

스티븐 스틸 **만화 『죠죠의 기묘한 모험』 등장인물**

네 녀석 때문에
졌다고 생각하는 거냐?
웃기지 마라, 멍청아.

서태웅, #133 「책임문제」에서

강백호의 패스 실수로 해남에게 진 다음 날, 강백호는 학교에도 농구부 연습에도 오지 않았다. 채소연은 농구 코트가 있는 공원에서 시간을 보내는 강백호를 발견하고 "어떤 천재에게도 실수는 있는 법이야!"라고 격려해준다. 그런 말을 들어도 강백호는 자기 때문에 졌다는 자책감에 괴로워한다. 그날 밤, 강백호는 아무도 없는 동아리실에서 혼자 눈물을 흘린다.

그때 갑자기 서태웅이 나타나는데, 강백호를 보고도 무시한다. 그 모습을 본 강백호가 "성질 못된 네 녀석이 내 실수에 대해 아무 말 안 하는 게 이상해! 동정할 생각이라면 필요 없어. 그딴 것!"이라고 시비를 걸자, 서태웅은 이 말을 던진다. 나아가 서태웅은 "네가 실수를 범할 건 처음부터 계산에 들어 있었다"라며, 낙담한 강백호의 자존심을 짓밟는다. 곧바로 주먹다짐이 벌어지는데, 서태웅은 "진 건 내 책임이다"라고 말하고, 거기에 강백호는 "네 녀석이야말로 웃기지 마라!"라고 반박한다. 그리고 다음 날, 강백호는 머리를 빡빡 밀어 자신의 마음을 새롭게 다잡는다.

농구부 동아리실에서 혼자 낙담에 빠진 강백호. 그는 자책하느라 괴롭습니다. 강백호의 머릿속을 맴도는 것은 시합 전 "왕자 해남과 전국대회 출전을 걸고 싸우는 것을 머릿속에 그리고 있었다. 1학년 때부터 계속 말이다"라는 채치수의 말이었죠.

채치수가 오랫동안 품은 꿈을 자기 실수로 망치고 말았다며 한탄하는 강백호에게 서태웅은 "네 녀석 때문에 졌다고 생각하는 거냐? 웃기지 마라, 멍청아"라고 말합니다.

그다음, 서태웅은 "어제 넌 네 실력의 몇 배나 잘해주었어"라고 말해요. 이 말은 서태웅의 따스한 마음을 느낄 수 있는 말이자, 한 사람 때문에 패배하는 일은 없는 팀 스포츠의 진리를 꿰뚫는 말입니다.

애초에 농구는 다섯 명이 하는 스포츠입니다. 거기에 벤치의 후보 멤버와 감독, 코치, 매니저까지 포함해 더 많은 사람의 힘이 모여야 합니다. 즉 '집단 대 집단'의 대결이므로 설령 지더라도 누구 한 사람의 잘못이 아닙니다. 물론 이것은 일할 때도 마찬가지예요.

일이 잘 안 풀리면 크게 낙담하기 쉽습니다. 다음에 똑같은 실패를 하지 않으려고 반성하는 것도 물론 중요하죠. 그래도 혼자 전부 끌어안을 필요는 없습니다.

알고 보면 일을 배분한 윗사람의 안목이 문제의 원인일 때도 종종 있어요. 그러니 가끔은 '내게 이 일을 맡긴 사람이 잘못한 거야' 정도로 생각하며 '나는 형편 없는 인간이야'라고 자책하지 않는 것도 중요합니다.

실패

"실패失敗는 잃고 패했다는, 의미가 비슷한 한자를 조합한 단어입니다."

일을 그르친 것. 방식이나 방법이 잘못되어 목적과 다른 결과가 나온 것.
= 실책, 잘못.

─── '실패'에 대한 명언 ───

진지한 실패는 가치가 있다.

난바 뭇타 만화 『우주 형제』 등장인물

실수를 저지른 적 없는 사람은 새로운 일에 도전한 적이 없다.

알베르트 아인슈타인 물리학자

실패를 두려워하는 사람은 반드시 실패한다.

코비 브라이언트 농구선수

이상하게도…
굴욕감은 들지 않았다.
이렇게까지 당했는데도.
안에서 자꾸자꾸
끓어오르는
이상한 감정을 도저히
누를 수가 없어서….

서태웅은
웃었다.

고맙군….
엉터리가 아니었어….

서태웅, #257 「도전2」에서

산왕의 에이스 정우성은 네 살 때부터 '농구광 무쇠 정'이라 불리는 아버지에게 교육받은 고교 넘버원 플레이어이다. 그는 국내에 자신을 상대할 만한 선수가 없다고 여겨 미국 유학을 떠나기로 했다. 그전에 국내에서 마지막으로 치르는 이번 전국대회에서 '자신과 비슷한 냄새를 풍기는' 호적수 서태웅과 만난다. 그건 서태웅도 마찬가지로, 그의 무시무시한 플레이를 보며 일전에 천재 플레이어 윤대협이 자신에게 유일하게 이기지 못한 상태라고 거론한 이름이 '정성우(정우성의 이름을 잘못 알았음)'였음을 떠올린다.

산왕과 30점 차로 점수가 벌어지며 정우성의 무시무시한 재능을 목격한 서태웅. 그러나 처음으로 '진짜'를 만난 기쁨과 고교 넘버원 플레이어를 쓰러뜨려 자신이 국내 최고의 선수가 될 수 있는, 둘도 없는 기회에 흥분을 억누르지 못해 나온 말이 바로 이 말이다. 서태웅의 머리에는 늘 "우선은 우리나라 최고의 고교 선수가 되도록 하게"라는 안 선생님의 말이 있었으니까.

산왕의 에이스이자 국내 최고의 플레이어인 정우성과 맞서 싸우며 압도된 서태웅. 그런데 서태웅은 기가 꺾이기는커녕 오히려 불타오릅니다. '지고 있는데도 기쁨을 느끼는' 감정의 내면에는 '더 강해지길 바라는 굶주림'이 존재합니다.

북산에 채치수, 정대만, 송태섭, 강백호까지 엄청난 잠재력을 지닌 멤버가 모여 있는 건 맞습니다. 그러나 서태웅이 손도 쓰지 못할 정도로 그를 실력으로 짓누르는 라이벌은 없었습니다.

안 선생님에게 "우선은 우리나라 최고의 고교 선수가 되도록 하게"라는 말을 들은 서태웅은 목표를 명확하게 세웠고, 의욕도 높아질 대로 높아진 상태입니다. 그런 와중에 천재 윤대협도 이기지 못한 정우성과 만난 것, 또 정우성이 자신을 압도한 것에 고마움을 느끼게 됩니다.

열세에 몰린 서태웅은 자존심을 버리고 동료에게 공을 패스하는 선택을 합니다. 서태웅에게 공을 줬을 때 바로 슛하는 것이 아닌 다른 선택지가 생기면 그를 수비해야 하는 정우성은 다음 움직임을 망설이게 됩니다. 그 결과 서태웅은 자신의 드리블로 정우성을 돌파해내죠.

다른 선택지가 생기면 기회의 폭이 넓어지고, 똑같은 플레이를 해도 결과가 완전히 달라질 수 있습니다. '이것밖에 없는' 상태에서 '이것도 있고 저것도 있는' 상태로 바뀌는 과정을 보여주는 이 장면을 통해 손에 쥔 패를 늘리는 중요성을 말해주는 것이죠.

진짜

"진짜는 절대적으로 완벽하기에 '진짜'죠."

가짜나 만들어낸 것이 아닌 진정한 것. 혹은 진정한 일.
겉보기만 그럴싸한 게 아니라
실질적인 내면이 갖춰진 것, 본격적인 것.

─── '진짜'에 대한 명언 ───

사람들은 종종 가짜를 칭찬하고 진짜를 비웃는다.

이솝 「이솝 우화」 작가

인격이 나무라면 평판은 그 나무의 그림자 같은 것이다.
그림자는 우리가 나무를 생각하는 바이고 나무야말로 진짜이다.

에이브러햄 링컨 미국 전 대통령

뼈가 부러져도 좋다….
걸을 수 없게 되어도
좋다…!
간신히 잡은
찬스다…!

채치수, #109 「ACCIDENT」에서

채치수 원맨팀이라고 불리던 약소 팀 북산이지만, 정대만과 송태섭이 팀에 돌아온다. 거기에 서태웅과 강백호도 들어와 북산은 마침내 해남전까지 승승장구한다. 그러나 채치수는 리바운드하다가 착지하는 과정에서 해남의 선수 이정환의 발을 밟아 쓰러지며 발목을 다친다. 곧바로 선수 교체를 했는데, 해남의 남 감독은 정신적 지주를 잃은 북산을 보며 "점수 차를 벌릴 찬스다"라고 자신 있게 말한다.

그러나 채치수는 쉽게 포기하지 않는다. 중학교 1학년 때부터 매일 밤 이 결전의 날을 꿈꿨으니까. 그래서 매니저 이한나에게 "붕대로 꽉 묶어줘"라고 부탁한다. 이한나는 "뼈에 이상이 있는지도 모르잖아요!"라고 반박한다. 그래도 "됐으니까 어서 붕대나 감아!" 하고 외친 채치수, 다음으로 이 대사를 말한다. 지금 이 시합에 서지 않으면 평생 후회할 것을 알았으리라.

채치수는 "현(지역)내 왕자 해남과 전국대회 출전을 걸고 싸우는 것을 매일 밤 머릿속에 그리고 있었다. 1학년 때부터 계속 말이다"라고 말했듯이 오래전부터 해남전을 간절히 바라왔습니다.

그런데 그렇게 바라고 바라던 무대에서 잔혹한 사고가 채치수를 덮칩니다. 원래는 서 있지도 못할 정도의 부상인데, 채치수는 매니저 이한나의 반대를 무릅쓰고 부상 부위에 붕대를 감은 뒤 시합에 복귀하죠. 이 말은 주장으로서의 책임감, 또 '이 기회를 놓치지 않겠다'라는 강한 의지를 보여주는 대사입니다.

인생에 기회는 쉽게 찾아오지 않습니다. 저는 대학교수이다 보니 지금까지 많은 졸업생을 지켜보았습니다. 그러면서 인생이 기회로 좌우될 수 있다는 것을 절실히 느꼈죠.

물론 스스로가 최소한의 능력을 갖추고 있어야 합니다. 다만 일정 기준을 충족한 사람들 사이에서 무엇이 그들의 명확한 차이를 만드는지 생각하면, 바로 '기회의 차이'인 것 같습니다. 유능한 인재가 활약하지 못하는 원인은 그에게 주어진 기회가 적기 때문이 아닐까요.

능력이 있어도 그 능력을 발휘할 기회가 충분하지 않으면 능력이 없는 것이나 마찬가지입니다. 그러니 기회가 찾아왔을 때, 설령 아무리 불가능해 보이더라도 눈앞에 닥친 기회를 놓치지 않겠다는 채치수의 자세를 염두에 두고 나아가면 좋겠습니다.

기회

**"좋은 기회라는 뜻인 '호기好機'는
'찬스'와 뉘앙스가 가장 비슷합니다."**

어떤 행동을 하기 가장 좋은 때 = 찬스.

> 절호의 기회다, 기회를 놓치다

'기회'에 대한 명언

압박, 과제 같은 부정적인 것 전부가
내게는 나를 발전하게 만드는 기회다.

코비 브라이언트 농구선수

아무것도 아닌 현상 속에 멋진 기회가 숨어 있습니다.
다만 그 기회는 강렬한 목적의식을 지닌 사람 눈에만 보여요.
목적의식 없이 멍한 눈에는 아무리 멋진 기회도 보이지 않습니다.

이나모리 가즈오 기업인

뭘 해야 할지 충분히 생각하세요.
다만 행동해야 할 때는 주저하지 말고 실행하세요.

제임스 알렌 작가

날 쓰러뜨릴
생각이라면…
죽도록
연습하고 와라!

윤대협, #48 「NOTHING TO LOSE」에서

작중 최강급 천재 플레이어 윤대협은, 연습 시합에서 처음 만난 강백호가 "윤대협! 너는 내가 쓰러뜨린다!"라고 말하자 웃으며 악수를 청한다. 전반전에는 벤치에서 대기하며 야유만 보내던 강백호에게 윤대협은 나오라는 듯이 손가락으로 도발하는 시능도 한다. 시합 후반, 강백호와 서태웅이 윤대협을 더블 디펜스하자, 윤대협은 즐거운 듯한 표정으로 플레이에 집중한다. 시합 중에도 무럭무럭 성장한 강백호가 마지막 2분을 남기고 역전 슛을 넣는데, 남은 몇 초 만에 윤대협이 슛을 넣으며 다시 역전해 팀을 승리로 이끈다.

시합 종료 후, 결과를 받아들이지 못하겠다는 심정으로 돌아가려는 강백호에게 윤대협이 말을 건다. 이 말은 윤대협이 강백호에게 기대를 걸고 그를 부추기는 말이다. 그 후, 전국대회 예선전에서 다시 만난 강백호가 놀랍도록 성장한 것을 확인한 윤대협은 '죽도록 연습해왔단 건가' 하고 내심 기뻐한다.

능남의 윤대협은 작중에서 처음으로 강백호와 북산 앞을 가로막은 인물입니다. 드리블, 패스, 슛, 넓은 시야, 판단력, 흔들리지 않는 정신력을 겸비한, 그야말로 완벽한 선수이죠.

한편, 그는 늦잠을 자서 시합에 지각하거나 패기라곤 없어 보이는 생김새 등의 '유유자적한 면'을 타고나기도 했는데요. 그 점이 오히려 거물 같은 느낌을 주어서 독자에게 끝 모를 능력을 지닌 플레이어라는 환상을 품게 합니다.

강백호는 농구 첫 데뷔전에서 윤대협과 대치해 콧김을 뿜으며 그에게 도전장을 던집니다. 윤대협은 그런 강백호에게 시종일관 호감을 품습니다. 상대 팀이지만 강백호의 잠재력을 일찌감치 인정한 그는 북산과 해남의 경기에서도 관중석에서 강백호를 따뜻하게 지켜봅니다.

한편 "날 쓰러뜨릴 생각이라면… 죽도록 연습하고 와라!"라는 윤대협의 말에는 강백호의 도전을 진지하게 받아들이겠다는 의지, 그리고 '어디 넘을 수 있다면 넘어 봐'라는 절대적인 자신감이 담겨 있죠. 또 서태웅과 마찬가지로 윤대협 또한 강자와 싸우기를 바라는 사람으로서 강백호가 자신을 위협할 수 있는 존재가 되길 바라는 기대도 담았다고 추측할 수 있습니다.

평소에는 유유자적한 윤대협의 입에서 '죽도록'이라는,
드물게도 강렬한 말이 나왔어요. 이 의외성은 많은 사람의 마
음을 사로잡았습니다.

KEY WORD

자신

**"윤대협처럼 확실한 자신감
그리고 근거 없는 자신감, 전부 중요합니다."**

스스로 능력이나 가치를 믿는 것.
자기 생각이나 행동이 옳다고 믿어 의심하지 않는 것.

⑩ 자신을 잃다, 자신만만

'자신'에 대한 명언

근거는 없어도 나 하나쯤은 나를 믿어주지 않으면
아무것도 해내지 못하잖아.

가토 마사루 만화 『간츠』 등장인물

우선 스스로 자랑스러워할 존재가 되세요.
그러면 바라는 바를 이룰 수 있을 겁니다. 그게 자신입니다.

조셉 머피 심리학자·작가

자신이 확신으로 바뀌었습니다.

마쓰자카 다이스케 야구선수

되갚아주마!

강백호, #123 「돌려줘라!」

해남과의 후반전, 8점 차이를 메우려고 분투하는 강백호는 채치수가 리바운드를 잡은 순간 달리기 시작한다. 해남의 에이스 이정환을 떨치고 패스를 받아 슬램덩크를 하려고 하는데, 이정환이 무시무시한 기세로 쫓아와 "아직 멀었어!"라며 공을 후려친다. 그때 강백호를 발로 건드려서 파울 판정을 받는다. 덕분에 강백호는 자유투 기회를 얻는다. 그러나 이건 자유투가 약한 강백호의 약점을 꿰뚫어본 이정환의 고의적인 파울이었다.

그런데 강백호는 상대 팀의 기대를 멋지게 배반하고 자신에게 맞는 자유투 스타일을 익혔다. 아래에서 던지는 어이없는 '언더핸드' 슛이었지만, 그 슛은 두 개나 들어간다. 그다음에 나오는 강백호의 이 대사는 상대에게 굴욕을 맛볼수록 성장하는 그의 성격을 잘 보여준다. 이때 안 선생님은 강백호가 혼자 초보자지만 어떻게든 해보려고 필사적으로 고민해 약점을 극복하려는 노력을 높게 평가한다.

해남의 주장이자 에이스인 이정환. 비교적 큰 키는 아니나 강인한 육체와 풍부한 운동량으로 펼치는 파워풀한 드리블 실력과 '상승常勝' 해남 군단을 하나로 묶는 리더십을 지닌 작중 최강자 중 한 명이죠.

그런 이정환이 전력을 다하게 한 결과, 강백호는 자유투 기회를 얻어냅니다. 다만 강백호는 지금까지의 시합에서 자신이 자유투를 못 하는 것을 상대 팀에게 이미 들켰죠. 관중들은 '어차피 못 넣겠지'라고 생각하는데, 강백호는 아래에서부터 던지는 슛을 시도합니다. 기적적으로 두 개의 자유투가 모두 들어가죠.

자유투 직전 강백호의 친구 양호열은 "자기보다 작은 녀석에게 저렇게 당하다니, 처음 맛보는 굴욕일 거야" "지금부터의 백호는 상당히 볼 만한 거야"라고 말합니다. 이를 통해 강백호는 상대가 강하면 강할수록 힘을 발휘하는 타입인 걸 알 수 있죠.

강백호만 그런 것은 아닙니다. 우리의 힘이 어느 정도까지 솟구치는가는 상대에 따라 달라집니다. 팽팽하게 '힘겨루기'를 하는 구도에서 자기도 모르게 놀라운 결과를 낸 경험을 한번은 해보지 않았나요?

'힘겨루기'가 없는 상황에 오래 놓여 있으면 오히려 제 실력을 발휘하지 못할 때도 있습니다. 해남전에서 강백호가 겉보기엔 너무도 연약해 보이는 홍익현을 상대로 실수를 연발하는 장면이 그려지기도 하죠.

설령 지금 앞에 있는 상대나 상황이 극복하기 어려워 보여도 내 성장을 촉진하는 긴장감 있는 존재라 여기고 오히려 환영하는 자세가 중요합니다.

힘겨루기

"경쟁은 우리를 성장하게 해줍니다."

❶ 맞서 대립하는 것.
❷ 노력할 보람이 있다고 느끼는 것.

─ '힘겨루기'에 관한 명언 ─

같이 달려준 라이벌이 없었다면
나는 스케이트를 좋아하지 못했다.

하뉴 유즈루 피겨 선수

나와 비슷한 능력을 지닌 상대가 있어도 지지 않는다.
내가 훨씬 더 노력하니까.

피트 로즈 야구선수·감독

나는 라이벌에게 적개심이 없다.
라이벌에게서 많은 것을 배운다.

얼리샤 키스 가수

애초에 자네에게
무서운 게 있었나?

『슬램덩크』 완전판, #22권, 「하 선생님께」 중에서

　　산왕과 북산이 시합 전에 코트에서 워밍업할 때, 정우성은 화려한 슛, 신현철은 힘찬 덩크슛을 선보인다. 경쟁심에 불탄 강백호는 자유투 라인에서 점프해 슛하려고 하지만 크게 실패해서 관중의 비웃음을 산다. 그에 반해 북산 멤버들은 긴장감에 숨이 턱까지 차오른 상태다.

　　그러자 안 선생님은 긴장해서 몇 번이나 화장실을 들락거리는 정대만과 함께 화장실에 가서 "아무리 산왕이라 해도 정대만은 두려운 모양인가 봐요…"라고 말해 자신감을 회복해준다. 한편, 차분해 보이는 강백호는 "그 수많은 관중 앞에서 수치도 당했는데요, 뭘. 이제 무서운 건 아무것도 없어요"라고 말한다. 그때 안 선생님은 강백호에게 확인이라도 하는 것처럼 이렇게 말한다. 선수의 성격에 맞춰 넌지시 필요한 말을 건네 긴장을 풀도록 돕고 의욕을 북돋는다. 안 선생님만의 코칭 능력을 보여주는 장면이다.

안 선생님이 산왕전을 앞두고 한 이 말은 강백호의 지기 싫어하는 성미를 역으로 이용해 그의 의욕에 불을 지폈습니다. 산왕 선수들을 직접 보고 북산 선수들은 긴장감에 움직임이 둔해졌는데 그중에서 강백호만 거의 유일하게 상대가 산왕이든 말든 평소처럼 굴었죠. 게다가 안 선생님의 이 말 덕분에 더욱 투지가 불타올랐습니다.

움츠러드는 상황을 만나면, 자기 자신에게 "애초에 자네에게 무서운 게 있었나?"라는 말을 들려주면 좋겠습니다. 우리가 실패를 두려워하기 시작하면 몸이나 생각이 굳어 좋은 움직임을 보이지 못합니다. 그럴 때야말로 안 선생님의 명언을 떠올리며 '태도 전환'하는 자세가 중요합니다.

미야자와 겐지의 명작『첼로 켜는 고슈』의 마지막에는 고슈가 연주회의 앙코르 연주자로 지명되는 장면이 있습니다. 악단에서 제일 실력이 부족했던 고슈는 자신이 놀림 받는다고 여겨 발끈했지만, 곧 태도를 바꿔 과감하게 연주했고 그 결과 훌륭한 연주를 해냅니다.

이처럼 '누가 뭐라고 생각하든 무슨 상관이야'라는 마음을 먹고 행동하면 예상치 못한 결과가 나오기도 합니다. 중요한 미팅이나 발표, 스포츠 시합 전과 같이, 우리를 긴장시키는 순간에는 의도적으로 태도를 전환해봅시다. 그러면 내면에 숨겨져 있던 본연의 힘이 발휘될 것입니다.

태도 전환

"갑자기 태도를 바꾼다고 해서 나쁜 게 아니에요."

갑자기 정색하듯이 태도를 휙 바꾸는 것.

예 마음을 다지고 뻔뻔한 태도를 보인다. 자세를 바로잡다.

'태도 전환'에 대한 명언

필요한 것은 단 하나, 할 수 있다고 믿는 것이다.

토니 로빈스 심리학자·작가

어제를 되돌릴 수 없지만, 내일 이길지 질지는 나에게 달렸다.

린든 존슨 미국 전 대통령

그래. 난 정대만.
포기를 모르는 남자지…

산왕전 전반을 겪으며 녹초가 된 정대만. 후반에 들어서는 다리에 힘이 빠져 멍하니 서 있을 정도였다. 산왕의 최동오가 '이 녀석…. 완전히 녹초가 돼서 얼굴색까지 변했잖아…' 하고 걱정하는데, 정대만은 "신현철은 신현철…. 채치수는 채치수…. 그리고 난…. 난 누구냐? 난 누구냐고…?! 어서 말해 봐!"라고 말한다. 그 이후 송태섭의 패스를 받은 정대만을 보고 최동오가 "정대만…!"이라고 외치자, 그는 귀기 어린 표정으로 이 말을 한다. 이어서 곧바로 3점 슛을 넣는다.

그 모습을 본 권준호는 채치수와 정대만이 1학년 때부터 서로 라이벌 의식을 불태우며 절차탁마한 과거를 떠올린다. 불량하게 지냈던 2년을 극복하고, 수치심도 자존심도 버리며 북산 농구부에 돌아온 정대만. 복귀 후, 상양전에서 3점 슛을 신들린 듯이 넣어 멋지게 부활했다. 그런 정대만을 보며 권준호가 "…2년이나 기다리게 하다니…" 하고 감격하는 장면도 가슴에 남는다.

사람은 궁지에 몰렸을 때야말로 자신의 특기를 발휘할 수 있기도 합니다. 산왕전에서 슈팅 가드인 김낙수의 집요한 밀착 마크로 체력을 소진해 지칠 대로 지친 정대만. 그런 정대만은 자신의 특기인 3점 슛에 모든 것을 겁니다.

정대만에게 3점 슛은 "나에게서 3점 슛을 빼앗아가면, 이젠 아무것도 남지 않는다…!"라고 생각할 정도로 자신의 모든 것입니다. 그에게 3점 슛은 특기를 넘어 '정체성'이라고도 할 수 있죠.

정체성이란 "너는 어떤 사람이야?"라고 물었을 때의 대답인 "나는 ○○야"에서 ○○에 들어가는 것입니다. "나는 ○○(으)로 살아가"라고 자부함으로써 살아갈 기력이 솟구치고, 자신을 자랑스러워할 수 있습니다. 작중 인물을 예시로 들면, 정대만이 스스로 생각한 자기 정체성은 '포기를 모르는 남자'입니다. 참 재미있죠.

『슬램덩크』는 강백호가 자신의 정체성을 획득하는 과정을 진지하게 그려낸 만화입니다. 그는 성장하면서 '바스켓맨'과 '천재'라는 정체성을 획득하죠.

이처럼 정체성을 획득하게 되면, 자신 안에 행동 기준이 생깁니다. 즉 '○○인 내가 이걸 해야 하는가?'라고 생각하게 되므로 다른 사람의 평가 이외의 기준을 가지고 자신이 살아갈 길을 정할 수 있습니다. 자기 긍정감이 낮아졌을 때도 '나는 ○○야'라고 자신감을 가질 수 있다면, 무너지지 않고 전진할 수 있습니다.

정체성

"지금은 일반적으로 쓰이는 단어이지만, 원래는 심리학 용어입니다."

다른 것과 확실히 구별되는 한 인간의 개성.
혹은 자신이 그처럼 독자성을 가진,
다른 누구도 아닌 자신이라는 확신.
조직, 집단, 민족 등에도 쓸 수 있다.
= 자기 동일성.

— '정체성'에 대한 명언 —

인생이란 자신을 발견하는 것이 아니다. 자신을 창조하는 것이다.

버나드 쇼 작가

자신이 타고난 기질의 능력이 실질적으로 시험받을 때,
비로소 자기 자신을 알 길이 열린다.

고바야시 히데오 문예평론가

자기 자신이 되어라.
다른 사람은 이미 다른 사람이 되었으니까.

오스카 와일드 작가

4

동료

최고의 팀을 만드는 방법

세금 같은 거로군….
네 얼간이 짓은
원래 계산에
들어 있었다….
풋내기….

서태웅, 「웅」 #260, 「빛나는 유아독존」 편에서

산왕전이 끝나기까지 4분 20초. 대역전극을 노리는 북산을 이끈 선수는 서태웅이었다. 서태웅은 권준호에게 "천상천하 유아독존"이라는 평을 받는 원맨 플레이어이지만, 신현철의 단단한 가드를 경계하며 채치수에게 패스를 돌리는 연계 플레이로 점수를 낸다. 또 송태섭에게도 패스를 하고, 거기에 이어 공을 받은 채치수가 슛을 넣는다. 두 번의 패스로 산왕의 수비를 혼란스럽게 한 서태웅은 마침내 정우성을 제치고 골을 노린다.

그러다 강백호가 자기 특기인 오른쪽 대각선 45도에서 패스를 받으려는 자세로 서 있다가 서태웅과 충돌한다. 물론 강백호에게 악의는 없으나, 경기장 내부의 관중 모두가 야유를 퍼부을 정도로 강백호에게 바늘방석 같은 상황이었다. 그때 서태웅이 강백호에게 한 이 말, 예전 강백호라면 곧장 주먹이 날아갔을 텐데 필사적으로 참는다. 그 모습을 본 강백호의 친구 양호열은 "바스켓볼 선수가 돼 버린 거야"라고 감회에 젖어 말을 한다.

이 말은 강백호의 실수를 '세금'으로 비유한 서태웅의 독설이 빛나는 대사입니다. 얼핏 보면 독설이지만, 이건 강백호가 이 일에 책임을 느껴 제 실력을 발휘하지 못하면 안 되기에 건넨 배려의 말이기도 합니다. 강백호가 움츠러들지 않고 힘을 발휘하길 바라는 기대도 담겨 있죠. 나아가 서태웅은 "네 얼간이 짓은 원래 계산에 들어 있었다"라며 건방진 태도를 보여 강백호를 자극하는 것도 잊지 않습니다.

강백호는 이때까지 코트 안에서 많은 실수를 저질러서 멍청이 취급을 받았어요. 그래도 그가 그런 굴욕을 계기로 삼아 급성장한 것을 서태웅은 잘 알고 있었죠.

서태웅도 강백호와 대치하며 온 힘을 다한 경험이 있습니다. 자신에게 라이벌 의식을 불태우는 강백호가 있었기에 서태웅도 더 높은 곳을 목표할 수 있었죠. 해남전에서 강백호가 목숨 걸고 살려낸 공을 서태웅에게 던지며 "우연이든 뭐든 좋으니 골인시켜라!"라고 외친 장면, 반대로 서태웅이 "눌러버려!"라고 강백호를 응원한 장면에서 알 수 있듯이 이 두 사람은 서로를 진심으로 인정합니다.

'절차탁마'라는 단어는 옥석이나 상아 같은 재료를 절삭,

연마해서 보석 혹은 미술품으로 만든다는 뜻입니다. 강백호와 서태웅은 몸을 깎아내듯 서로 주먹다짐한 적도 있어요. 그러니 이 장면에서 서태웅에게 머리에 피가 솟구치며 발끈한 강백호를 본 친구들은 "이 시합은 이제 끝이야!" 하고 외칩니다. 그러나 강백호는 두 손으로 자기 뺨을 잡아당겨 감정을 억제했죠.

'농구로 맛본 굴욕감은 폭력이 아니라 농구로 갚는다'라고 생각하게 된 '바스켓볼 선수' 강백호. 서태웅이라는 좋은 라이벌이 강백호를 성장시킨 순간입니다.

절차탁마

**"유교 경전 『시경』에 처음 나왔고,
『논어』에도 등장하는 말입니다."**

돌이나 옥을 연마하는 것처럼 학문, 기예, 인간성 등을 갈고닦는 것.
꾸준한 노력으로 자기 역량과 소질을 갈고닦는 것
또한 서로 경쟁하고 격려하며 향상하는 것을 의미.

'절차탁마'에 대한 명언

얄미운 인간도 있지만, 그런 자가 없었다면
내 결점도 알 수 없는 법이다.

오자키 유타카 작곡가·가수

백 번 배트를 휘두른 놈을 이기려면
백한 번 배트를 휘두르는 것이 유일한 방법이다.

오치아이 히로미쓰 야구선수·감독

경쟁은 자신을 진화시킨다.

하세베 마코토 축구선수

죽을 힘을 다해 따라붙어라. 교체당하고 싶지 않으면.

서태웅, #265 「훈계」에서

산왕전 후반, 강백호는 밖으로 나가는 공을 쫓다가 내빈석 위로 떨어진다. 간신히 공을 살려냈으나 다쳐서 움직이지 못하게 된다. 그런 그에게 서태웅은 "꽤 멋진 걸 해냈구나. 초보자치고는"이라고 말한다. 그 말에 발끈한 강백호. 그 모습을 보며 벌떡 일어나 시합에 복귀하자, 산왕 응원 일색이던 관중석에서 북산을 응원하는 소리가 늘어나기 시작한다. 후반 마지막 2분에 66 대 74까지 점수 차를 좁히고, 몇 번을 떨어뜨려도 기어 올라온 북산의 이 끈질김은 서태웅의 집념 어린 모습에서 시작되었다.

강백호가 등이 아파서 자기답게 플레이를 하지 못하자, 서태웅은 바로 이변을 알아차리고 "집중력이 부족해"라고 그를 고무한다. 또 과거 강백호와 했던 일대일 대결을 떠올리며 "예전 그때가 훨씬 나았어. 내가 온 힘을 다하게 할 정도였으니까"라고 말한다. 이다음에 이 대사가 이어진다. 서태웅은 시합에서 이기기 위해 무슨 일이 있어도 강백호의 힘이 필요했다. 강백호도 서태웅에게 훈계를 듣는 분통함을 꾹 참고 마음을 다잡는다. 함께 이기기 위해서 지금은 싸울 상황이 아니라는 걸 잘 알고 있었다.

서태웅과 강백호는 절대 친해지지 않습니다. 강백호는 서태웅을 "여우"나 "잠꾸러기" 따위로 부르고 서태웅은 강백호를 "멍청이"라고 부릅니다. 시합 중에도 서로에게 패스를 하지 않죠. 강백호가 어쩔 수 없이 서태웅에게 패스할 때는 있어도 서태웅이 강백호에게 패스하는 장면은 거의 마지막까지 나오지 않아요.

그래도 두 사람의 일촉즉발 같은 관계가 좋은 의미에서도 나쁜 의미에서도 북산에 긴장감을 준 것은 사실입니다. 허물없이 친하기만 한 팀은 성장하기 어려워요.

두 사람은 대립하면서 서로의 재능을 끌어냅니다. 서태웅이 있어야 강백호가 있고, 마찬가지로 강백호가 있어야 서태웅이 있습니다. 그러니 경기 마지막 2분, 팀의 기사회생을 위해 서태웅은 강백호에게 등이 아프더라도 "죽을 힘을 다해 따라붙어라"라고 질타하고 격려합니다. 두 사람은 자기 자신의 능력보다도 언제나 싸우기만 했던 라이벌의 존재를 믿음으로써 상식을 뒤엎는 힘을 보여주었습니다.

'서로 간의 긴장이 극에 달한 신뢰 관계'는 하루아침에 이루어지는 게 아닙니다. 이런 관계야말로 '진정한 동료' 관계가 아닐까요. 이처럼 허물없이 친해지지 않으면서 창조적인 관계를 맺은 덕분에 역사에 이름을 남긴 사람이 많습니다. 비틀스의 곡을 같이 만든 존 레논과 폴 매카트니도 그렇죠.

난학자(에도 시대에 네덜란드를 통해 들어온 유럽의 기술, 문화, 학문 등을 난학이라고 하며, 이를 연구한 사람을 의미한다―옮긴이) 후쿠자와 유키치는 영어를 배우려고 작정하고는 향학심을 지닌 동료를 찾았다고 합니다. 혼자서는 절대 해내지 못할 일도 '진정한 동료'와 함께 목적을 향해 나아가면 이 세계를 바꿀 수도 있어요.

KEY WORD

라이벌

"'좋은 라이벌'과 그렇지 않은 사람의 차이를 생각해봅니다."

경쟁 상대. 대항자, 호적수.

(예) 좋은 라이벌, 라이벌 회사, 라이벌 의식

'라이벌'에 대한 명언

나는 너와도 싸우고 싶어….

우치하 사스케 만화 『나루토』 등장인물

내가 괴로울 때는 라이벌 역시 괴롭습니다.

세코 토시히코 마라톤선수

네 단점을 공격하는 것은 적이고,
네 장점을 인정하는 것은 라이벌이다.

사이토 시게타 정신과 의사

자네는
비밀무기니까,
스타팅 멤버가
아니라네.

비밀무기는
감춰두지 않으면
안 되네.

강백호의 첫 시합인 능남전. 농구 초보인 강백호는 채치수에게 리바운드를 배우고 채소연과 풋내기 슛만 연습한 상태였는데도 당연히 스타팅 멤버로 출전하겠다며 자신감이 넘쳤다. 그러나 강백호는 안 선생님이 발표한 열다섯 명의 벤치 멤버에도 들어가지 못했다. 잔뜩 화가 난 강백호는 "어째서 내가 스타팅 멤버가 아니란 말예요?!"라며 안 선생님에게 대든다. 강백호가 자의식과잉에 무례한 태도를 보이자 채치수는 "멍청아!"라고 혼내며 설교하고, 강백호의 셔츠에 테이프로 16이라는 숫자를 붙여준다. 그러자 강백호는 더욱더 분노한다.

이 말은 그 모습을 본 안 선생님이 "호호홋, 백호 군"이라고 강백호를 어르며 한 대사다. 이 말은 강백호처럼 자기가 잘난 줄 아는 인간의 의욕을 끌어내는 마법 같은 말이다. 그 이후에 능남과의 시합에서 진 북산, 강백호는 진 이유가 자신을 너무 늦게 내보냈기 때문이라고 따진다. 그러자 안 선생님이 한 "서두를 것 없네. 지금부터니까 말일세"라는 말에서도 그의 관용적인 지도력을 알 수 있다.

안 선생님은 사람을 잘 관찰해 필요한 말을 골라 건네는 사람입니다. 강백호와 처음 만났을 때도 그가 "영감님"이라고 부르며 턱살을 툭툭 치는데도 동요하지 않았죠.

강백호가 부원끼리 하는 연습 시합에 나가고 싶다고 고집을 부리는 장면이 있어요. 주장인 채치수는 내보내기 싫어했는데 안 선생님이 "거 재미있겠구만. 내보내주지 그래, 채치수 군?"이라고 말합니다. 강백호의 플레이는 미숙해도 그의 순발력과 점프력이 보통내기가 아닌 점에 주목했죠. 그래도 능남과의 연습 시합에서는 강백호를 스타팅 멤버로 뽑지 않았습니다.

유니폼도 받지 못한 강백호는 결국 분노가 폭발해 난동을 부립니다. 그 모습을 본 안 선생님은 강백호의 의욕을 높이기 위해 그에게 '비밀무기'라는 단어를 쓰죠. 그 말을 듣고 금세 기고만장해진 강백호는 안 선생님의 의도대로 홀라당 넘어가고, 이후의 시합에서도 이 말은 그의 정신력에 좋은 영향을 미칩니다.

명장이라 불리는 감독은 '말의 힘'을 소중히 여깁니다. 프로 야구에서 좋은 활약을 보이지 못했던 선수의 기량을 부활

시켜 '노무라 재생 공장장'이라고 불린 노무라 가쓰야 감독도 그런 사람이죠. 노무라 가쓰야 감독은 『말 하나로 사람이 달라진다』라는 책에서 말의 힘이 얼마나 중요한지 설명합니다.

"인간의 행동은 '두뇌'와 '감정'에 따른다. 감정을 자극받으면 두뇌를 써서 생각하고 행동에 옮긴다. 행동이 바뀌면 사람은 성장하고, 조직 자체가 좋은 방향으로 나아갈 수 있다."

이처럼 사람은 고작 말 한마디로도 놀라우리만큼 성장할 수 있습니다.

비밀무기

**"만화 『도라에몽』에 나오는 비밀 도구가 있죠.
이것도 예전에는 '비밀무기'라고 했습니다."**

❶ 비공개로 제조된 무기.
❷ 여차할 때를 위해 감춰두는 비장의 패인 인물.

(예) 그는 우리 팀의 비밀무기다

─── '비밀무기'에 대한 명언 ───

비장의 수는 먼저 보여주지 마라. 보여줄 거라면 또 다른 수를 감춰둬라.

쿠라마와 요미 만화 『유유백서』 등장인물

아무리 교묘하게 짠 전략과 전술도
그것을 실행하는 인간의 성격에 맞지 않으면 성공할 수 없다.
사람은 모두 자기 적성에 가장 자연스러운 것을 가장 교묘하게 할 수 있다.

시오노 나나미 작가

전술이란 공격할 수단이 있을 때 무엇을 해야 할지 아는 것이고,
전략이란 공격할 수단이 없을 때 무엇을 해야 할지 아는 것이다.

사빌리 타르타코워 체스선수

이런 식으로 누군가에게 필요한 존재가 되어 기대받기는 처음이었기 때문에….

강백호, #242 「히든카드 등장」에서

농구부에 들어가기 전까지는 문제아였던 강백호. 오십 명 넘는 여자에게 차였고, 같이 어울려주는 사람도 강백호 군단뿐이었다. 그러다가 이상형인 채소연이 "농구, 좋아하세요?"라고 묻자 "좋아합니다. 난, 스포츠맨이니까요"라고 대답하면서 농구 인생을 시작한다. 그 후로도 계속 문제를 일으키지만, 산왕전에서 점수 차이가 24점이나 벌어져 멤버들 머릿속에 '패배'라는 두 글자가 떠올랐을 때, 강백호는 '마지막 히든카드'로서 안 선생님의 기대를 한 몸에 받는다. 벤치 멤버들도 강백호에게 자신들의 기대를 맡기며 한 명씩 악수를 청한다.

강백호가 리바운드를 잡으면 상대 팀의 2점 득점을 막을 수 있고, 그다음에 북산이 2점을 넣으면 4점을 얻는 플레이가 된다. 안 선생님의 구체적인 조언을 듣고 '이상할 정도로 흔들림이 없었다. 꼭 해야만 하는 일이 한 가지로 좁혀졌기 때문에'라는, 강백호의 각오를 표현한 말이 바로 이 대사이다. 누군가의 기대를 받으면 사람이 성장한다는 것을 보여주는 가슴 찡한 장면이기도 하다.

안 선생님은 "너희는 강하다"라는 말로 멤버들에게 용기를 주었습니다. 그러나 산왕전이 끝나갈 즈음에는 팀 전체의 힘을 북돋는 대신, 오로지 강백호에게 기대를 걸었습니다. 모두에게 "포기하지 말고 힘내자"라고 말하면, 한 명 한 명에게 거는 기대감은 흐려집니다. 그런데 나를 콕 집어 "자네가 추격을 위한 히든카드야!"라는 말을 들으면 어떨까요? 이렇게까지 누군가가 나를 필요하다고 생각한다는 것에 감동하며 이를 악물고 맞서려는 용기가 샘솟겠죠.

나아가 안 선생님은 강백호에게 오펜스 리바운드라는 구체적인 임무를 제시합니다. 이렇게 임무를 주면서 기대를 걸면, 사람은 사명감을 느낍니다.

드라마 〈이태원 클라쓰〉에는 외식산업으로 성공하려는 주인공 박새로이의 가게에서 일하는 마현이라는 인물이 나옵니다. 마현이는 요리를 잘 못해서 손님에게 클레임이 들어오기도 합니다. 매니저인 조이서는 박새로이에게 그런 마현이를 해고하자고 합니다.

그런데 박새로이는 마현이를 불러 월급봉투를 내밀어요. "두 배 넣었어. 이 가게가 마음에 든다면 값어치에 맞게 두 배 더 노력해. 할 수 있지?"라고 말하면서요. 또한 조이서에게

"현이는 피해 한 번 안 주고 지금껏 성실히 잘 버텨준, 너희하고 같은 내 사람이야"라고 말합니다. 이후로 마현이는 자신의 요리 실력을 갈고닦아 요리사로서 인정받죠.

데일 카네기는 책 『인간관계론』에서 사람을 바꾸는 첫 번째 원칙으로 '사소한 일이라도 칭찬하고 기대를 거는 것'을 꼽았습니다. 기대를 받은 사람은 그 기대를 배신하지 않기 위해 최선을 다하는 법이에요. 강백호도 '기대에 부응하는' 기쁨을 곱씹으며 의욕으로 이글거립니다.

사명감

"사명감을 느끼면 그 일에 열정적으로 몰두하게 됩니다."

주어진 임무를 해내려는 기개나 책임감.
특히 각별한 의의와 자긍심을 지니고
그 임무를 하려는 감정을 말한다.

'사명감'에 대한 명언

무언가 해내는 것이 성공이 아니라
자기 사명을 찾아내는 것이 진정한 성공이다.

후쿠시마 마사노부 기업가

지키려고 했다…. 전부 지키고 싶었다. 그러나… 그러지 못했어.
그게 내 죄야. 그러니 이번에야말로 지켜야 해!

멜리오다스 만화 『일곱 개의 대죄』 등장인물

하늘은 진심인 인간에게 사명을 준다.

요시오카 히데토 의사

널 위해
팀이 있는 게 아냐.
팀을 위해서
네가 있는 거다!

서 「슬램덩크」, #189, 안선생님

안 선생님은 한때 대학 농구계에서 명장이라 칭송받으며 '흰머리 호랑이'라는 별명으로 불린 스파르타 코치였다. 군대처럼 엄격하고, 지루한 연습만 시키는 호랑이 코치에게 불만을 품은 제자 조재중. 그런 그에게 안 선생님은 "너 뭔가 착각하는 거 아니냐?"라며 고압적으로 묻는다. 이 말은 그다음에 이어지는 대사다. 장래가 유망한 조재중을 국내 최고의 선수로 키우기 위해 기술적인 면뿐만 아니라 정신적인 면도 단련시킬 생각으로 한 말이었다.

지루하더라도 연습을 반복해야 하는 이유는, 연습이 자기 자신이 아니라 팀을 위해 필요하기 때문이다. 자기 위주로만 생각하면 팀은 성장하지 못한다. 그러나 이 말을 들은 조재중은 '조직의 두목 같아'라고 생각하며 반감을 품어 안 선생님의 기대를 배신하고 사제 관계를 끝내버린다. 안 선생님의 이 말은 팀플레이의 본질을 꿰뚫는 명언으로 알려졌는데, 이 말에 담긴 의미를 이해하려면 팀 구성원 사이의 신뢰 관계를 구축하는 일이 우선이다.

『슬램덩크』에서는 등장인물 대부분이 주역처럼 비중 있게 그려집니다. NHK 〈톱 러너〉라는 방송에 작가 이노우에 다케히코가 출연했을 때, 그는 자신이 캐릭터 조형에 심혈을 기울인다고 하며 "등장인물 모두에게 반드시 결점을 하나 부여한다"라고 말했죠.

안 선생님의 결점은 '흰머리 호랑이'라고 불리던 '귀신' 코치 시절의 자신입니다. "널 위해 팀이 있는 게 아냐. 팀을 위해서 네가 있는 거다"라는 말은 유망주인 조재중을 위한 말이었지만, 그에게는 마음이 전해지지 않았죠. 조재중은 엄격한 규율과 계속되는 기초 훈련, 고압적으로 질책하는 지도법에 질려 마음을 닫아버린 것입니다.

그 사실을 깨달은 안 선생님은 조재중이 자신에게 보내지 않았던 편지를 읽게 됩니다.

"언젠가 선생님이 제게 하신 말씀이 요즘 자주 떠오릅니다. '널 위해 팀이 있는 게 아냐. 팀을 위해서 네가 있는 거다.' 여기선 아무도 제게 패스를 해주지 않습니다. 선생님과 모두를 배반하면서까지 왔는데, 지금 와서 염치도 없이 돌아갈 수는 없어요."

조재중은 미국에서 혼자가 된 후에야 비로소 안 선생님이 한 말의 의미를 이해했습니다. 그 이후로 안 선생님은 관용적이고 차분한 '흰머리 부처'가 되지요.

설령 지도자로서 가진 생각 자체는 달라지지 않았더라도, 제자를 아끼는 마음이 상대에게 전해지지 않으면 아무 의미 없다는 것을 깨달은 겁니다. 그러니 자기 결점을 뉘우치고 고쳐야겠다고 생각한 것이죠.

"팀을 위해 네가 있는 거다"라는 말이 선수뿐 아니라 지도자에게도 적용되는 말이라고 생각해본다면, 이 이야기는 새롭게 다가옵니다.

팀

"아무리 압도적인 '개인'이라도
혼자 할 수 있는 일에는 한계가 있죠."

❶ 공동작업을 위해 여러 사람으로 이루어진 집단.
❷ 단체 경기에 참여해 승패를 가르는 제각각의 조직.

--- '팀'에 대한 명언 ---

자신을 믿고 자신을 위해서 해라. 그게 팀을 위한 것이 된다.

우즈키 다에코 소프트볼선수

팀을 위해서가 아니라 자기 자신을 위해 플레이하는 선수와는
같이 일할 수 없다.

조제 무리뉴 축구 감독

백호 군은 우리 팀에
리바운드와 끈기를
더해주었지.
태섭 군은
스피드와 감성을….
대만 군은
예전엔 혼란을. 훗훗….
하지만 지금은 지성과
비장의 무기인 3점 슛을,
태웅 군은 폭발력과
승리를 향한 의지를.

치수 군과 준호 군이 지금껏 지탱해온 토대 위에 이만큼의 재능들이 더해졌네. 이것이 북산이야.

「슬램덩크」 #267 「평전의 힘」

산왕전에서 74 대 69, 5점 차까지 바짝 추격한 북산. 마지막 2분에 산왕이 작전 타임을 불렀을 때 "이봐요 영감님! 우린 역전할 수 있죠!" 하고 강백호가 묻자 안 선생님은 "물론이에요"라고 대답한다. 그다음 멤버들에게 한 말이 이 대사다. 평소에는 한 명 한 명의 개성이나 강점까지 언급하지 않고 상황을 지켜볼 때가 많은 안 선생님. 그러나 가장 중요한 고비를 만난 멤버들에게는 그들의 역할을 구체적으로 말한다.

이것이 바로 팀을 일치단결시키는 지도자의 바람직한 모습이다. 체력도 기력도 한계에 도달한 멤버들이지만, 안 선생님의 말을 들은 송태섭, 정대만, 서태웅, 채치수는 눈의 총기를 되찾는다. 강백호만은 뭔가 부족한지 감을 못 잡는데, 그런 모습도 그답다. 안 선생님의 말 다음으로 채치수가 멤버에게 하는 감사의 말도 어우러져 "자아! 나가자!" "반드시 이긴다!" "오옷!!" 하고 마지막 힘을 짜낸 북산 멤버들은 승리라는 기적을 일으킨다.

안 선생님은 선수의 약점을 문제로 삼지 않아요. 대신 선수의 강점을 어떻게 살릴지 늘 생각합니다. 실령 강백호처럼 약점 투성이여도 단 하나의 강점을 살리면 팀에 공헌할 수 있기 때문입니다.

매니지먼트의 아버지라고 불리는 피터 드러커도 '강점'을 중시하는 말을 남겼습니다. "공헌에 초점을 맞추면 조직의 커뮤니케이션이 활성화되고 팀워크가 좋아진다" "성과를 올리려면 공헌에 초점을 맞춰야 한다. 지금 닥친 일에서 고개를 들어 목표에 시선을 주어야 한다. 조직 성과에 영향을 주는 공헌이 무엇인지 스스로 질문해야 한다"고 말이죠.

즉, 자신이 조직에 할 수 있는 공헌이 무엇인지 생각하면 자신의 강점에 초점을 맞추게 되고, 그 강점을 살리면 팀과 함께 성과를 이룰 수 있습니다. 경기 마지막 2분에 작전을 냉정하게 생각할 여유는 없죠. 이제 자신을 믿을 뿐입니다. 그래서 마지막 작전 타임 때 안 선생님이 건넨 절대적인 신뢰의 말은 멤버들의 불안이나 망설임을 없애줍니다.

안 선생님은 '믿음을 주는' 지도자죠. 정대만을 보면서 "이제 자신을 믿어도 될 때가 왔어요. 지금의 대만 군은 이미 그 공백을 충분히 뛰어넘을 만큼의 위치에 서 있어요"라고 말합니다. 유학을 생각하는 서태웅에게는 "자네의 의지를 믿고 있네"라는 말을 건넵니다.

데일 카네기의 명언 중에 "신념은 사람을 움직인다. 자신이 믿지 않는데 어떻게 타인을 믿을 수 있겠는가. 자신이 움직이지 않는데 어떻게 타인을 움직일 수 있겠는가"라는 말이 있습니다. 자신과 동료를 믿는 힘은 때로 기적을 일으킨다는 것을 명심하세요.

공헌

"영어로 공헌을 의미하는 contribute는 원래 '함께하다'라는 의미입니다."

1 공물을 바치는 것. 물건을 건네는 것. 혹은 그런 물품.
2 어떤 일에 힘을 다해 이익을 가져오는 것.
또한 공공을 위해 힘을 다하는 것.

'공헌'에 대한 명언

모두가 바로 이 순간, 이 세계를 나아지게 하려고
공헌할 수 있다는 것이 얼마나 멋진 일인가.

안네 프랑크 홀로코스트 피해자

한 사람은 모두를 위해, 모두는 한 사람을 위해.

알렉산더 듀마 작가

의욕의 원천은 중요하다고 생각하는 일을
중요하게 생각하는 사람들과 함께하는 것.

셰릴 샌드버그 기업인

우리가
서로 각별히
친한 것도 아니고,
너희에게
화가 날 때가
더 많았다….

하지만….
'우리 팀은… 최고다….'
고맙다….

채치수, #267 「선수 생명」에서

　　자기 속마음을 잘 말하지 않는 채치수가 산왕전 마지막 2분을 남기고 작전 타임 때 멤버들에게 한 말이다. 북산은 서태웅이나 강백호의 맹공격으로 24점 차를 5점 차까지 좁히며 기적적으로 산왕을 추격했다. 강호 산왕을 상대로 누구 하나 물러서거나 포기하지 않는 모습에 채치수는 좋은 동료가 없었던 과거를 떠올리고 감격해 눈물을 흘린다. 권준호는 그 모습을 보며 '옛날부터 이런 동료를 원했는데…'라고 생각한다.

　　안 선생님도 멤버 한 명 한 명의 강점을 말하며 "치수 군과 준호 군이 지금껏 지탱해온 토대 위에 이만큼의 재능들이 더해졌네. 이것이 북산이야"라고 자신감을 불어넣어준다. 그다음, 둥글게 모였을 때 채치수의 입에서 자기도 모르게 멤버들에게 고마워하는 마음이 흘러나온다. 이때 다른 네 명은 "무슨 웃기는 소리야! 난 나 자신을 위해서 하는 거야!" "고릴라를 위해서가 아냐!" "나 자신의 승리를 위해서야!" "뭐가 고맙다는 거야!" 하고 그를 놀리는데, 그 점이 재미있다. 너무 허물없이 굴지 않되 서로 인정하는 것, 이것이 바로 북산의 강점이다.

채치수는 중학교 1학년 때부터 매일 밤 산왕과의 결전을 상상할 정도로 전국 제패를 꿈꿨습니다. 그러나 그의 내면에서 타오르는 불꽃을 공유할 수 있었던 사람은 권준호뿐이었죠. 정대만도 중간에 부상으로 떠나버려서 고등학교 3학년이 될 때까지는 열정을 나눌 동료를 얻지 못했습니다.

그런데 그가 주장이 된 해에 자기중심적인 서태웅, 자신감 과잉의 농구 초보 강백호, 농구와 멀어지고 2년이나 불량아로 지낸 정대만, 문제아인 데다 이제 막 부상에서 회복한 송태섭이 함께하게 됩니다. 약점이나 콤플렉스를 각자 하나씩 품고 다투기만 하는 팀 북산이 완성되었죠.

그러나 단 하나, 농구에 대한 열정만은 다섯 명 모두 그 누구보다 부족하지 않았습니다. 이를 느낀 채치수의 마음속에 숨어 있던 감정이 산왕전 마지막에 흘러나왔죠.

일본 대표 축구 감독이었던 오카다 다케시는 "서로 마음이 잘 맞고 사이가 좋으니까, 팀워크가 생겨서 이기는 것이 아니라 서로 좋은 플레이를 하니까 서로 인정하는 것이다. 그러면 '승리'라는 결과가 따라온다"라고 말했습니다.

오로지 승리만 생각하면, 에이스 킬러라 불렸던 풍전의

남훈처럼 농구를 하는 즐거움까지 잃고 말아요. 그러나 채치수는 달랐습니다. 동료와 함께 꿈을 좇는 것. 그것이 더할 나위 없는 재산이라고 확신하면서 그 순간 넘쳐흐른 솔직한 마음을 표현합니다.

'무엇을 하는가'보다 '누구와 하는가'가 중요하다고 합니다. 스포츠뿐 아니라 일도, 목표를 추구하는 정열과 과정을 어떻게 서로 공유하고 이해하느냐가 중요합니다.

동료

"친구는 '같이 있는 사람'이고 동료는 '함께 무언가를 도전하는 사람'입니다."

❶ 같이 일을 하는 사이. 또는 그런 사람.

(예) 같은 취미를 즐기는 동료가 되다

❷ 지위·직업 등이 같은 사람.

(예) 문호 동료

❸ 같은 종류의 것 = 동류.

'동료'에 대한 명언

우정은 기쁨을 두 배로 하고 슬픔을 반으로 줄인다.

프리드리히 실러 시인

나는 누가 도와주지 않으면 살아남지 못한다는 자신이 있어!

몽키 D. 루피 만화 『원피스』 등장인물

결과뿐인 성공은 가치가 없다.
동료와 함께 만든 과정에 가치가 있다.

구리키 노부카즈 산악인

…녀석들, 2년이나 기다리게 하다니….

권준호, #248 '2년이나'에서

　　고등학교 1학년 때부터 함께 농구부에 있었던 권준호와 채치수 그리고 정대만. 과거 정대만은 중학 결승 시합 중에 안 선생님이 건넨 "단념하면 바로 그때 시합은 끝나는 거야"라는 말에 용기를 얻어 팀을 우승으로 이끌고 중학 MVP가 되었다. 그는 안 선생님에게 은혜를 갚고 싶어서 북산에 입학했다. 고1 때부터 키가 크고 리더십이 있었으나 기술력은 부족한 채치수, 기술은 뛰어나나 나르시시스트에 자존심이 하늘을 찌르는 정대만, 이 둘은 사이가 나빴다. 권준호는 두 사람을 지켜보며 '이 두 사람이 협력만 하면 스타팅 멤버인 3학년이라도 당해내지 못할 텐데…' 하고 아쉬워했다.

　　정대만은 부상으로 농구부를 떠난 이후 2년이나 불량아로 지낸다. 다시 돌아와 함께 뛰게 된 두 사람은 산왕전에서 완벽한 연계 플레이를 펼치고, 정대만이 3점 숏을 넣는다. 그다음에 두 사람이 함께 주먹을 툭 치는 모습을 본 권준호는 예전에 둘 사이가 어땠는지 알기에 감개무량해서 이 말을 중얼거린다.

북산의 견원지간이라면 서태웅과 강백호가 제일 먼저 생각나는데, 채치수와 정대만도 그랬습니다. 정대만이 "내 슈팅을 살리기 위해서 네가 스크린을 해서 날 자유롭게 해주라고 했잖아!"라고 하면, 채치수도 "높이에서 내가 유리해! 네가 내게 패스하면 되는 거야!"라고 맞받아치곤 했죠. 그런 두 사람을 권준호는 묵묵히 지켜보았습니다.

중학 MVP인 정대만은 잠깐 농구부를 떠났다가 안 선생님을 만나 다시 돌아옵니다. 그의 영광과 좌절의 순간을 전부 아는 사람은 채치수와 권준호뿐이죠. 그런데 농구부로 돌아온 이후에도 정대만의 고뇌는 이어집니다. 공백 기간 때문에 체력이 부족해져서 시합 도중 다른 선수보다 체력적으로 버거워합니다. 그때마다 정대만은 과거에 헛된 시간을 보낸 것을 후회하며 자책했습니다.

한편, 채치수도 산왕전에서 신현철에게 압도되어 궁지에 몰리죠. 역경을 타개하기 위해 채치수는 정대만에게 눈짓하며 "가라!"라고 속으로 외치고, 몸으로 막아주며 스크린을 걸어 지칠 대로 지친 정대만의 움직임을 자유롭게 해줍니다. 그때 들어간 3점 슛은 과거 서로를 적대시하며 먼 길을 돌아온 두 사람이 신뢰하게 된 끝에 도달한 결과죠.

설령 사이가 나쁘더라도 서로의 강점과 약점을 이해하고 각자가 가진 재능을 인정하면, 함께 위기 상황에 처했을 때 큰 도움이 됩니다. 이렇게 동료끼리 긴장 관계에 있으면, 팀이 벼랑 끝에 몰렸을 때 서로를 힘차게 당겨주는 힘으로 작용하기도 합니다.

인간은 벼랑 끝에 서면 각오를 단단히 다집니다. 두 사람의 맞닿은 주먹은 채치수의 기대에 정대만이 전력으로 응답한 증거죠. 두 사람을 가장 잘 아는 권준호가 줄곧 바랐던 순간입니다.

신뢰

"위기 상황일 때, 신뢰 관계가 진가를 발휘합니다."

믿고 의지하는 것. 의지가 된다고 믿는 것. 혹은 그런 마음.

⒳ 신뢰할 수 있는 인물, 부모의 신뢰에 부응하다, 의학을 신뢰하다

'신뢰'에 대한 명언

믿음이 없으면 설 수 없다.

공자 사상가

신뢰 없는 우정은 없다. 성실하지 않으면 신뢰는 없다.

새뮤얼 존슨 시인·평론가

성공의 90퍼센트는 믿는 마음에서 나온다.

우디 앨런 영화감독

5

성장

어제의 나를 뛰어넘는 방법

이제
자신을 믿어도 될
때가 왔어요.

지금의 대만 군은
이미 그 공백을

충분히
뛰어넘을 만큼의
위치에 서 있어요.

산왕전에서 안 선생님에게 상대를 "먼저 제압해라"라는 지시를 받은 북산은 강백호와 송태섭의 연계 플레이로 2점 선제점을 얻는다. 경기 초반에는 정대만이, '실패라는 느낌은 전혀 없다'라며 3연속 아름다운 3점 슛을 넣어 경기장 전체의 주목을 받는다. 그러나 권준호만은 정대만의 약점을 알고 있었다. 그래서 정대만의 활약을 보며 '후회가 깊은 만큼 녀석은 과거를 미화시켜 지금의 자신을 채찍질하고 있는 거야'라고 평한다.

이후 '찰거머리' 김낙수의 집요한 수비에 막혀 정대만은 자신감을 잃는데, 권준호는 안 선생님에게 "공백기에 대한 부담을 느낄 때마다 자신을 믿을 수 없게 된 게 아닐까요"라고 말한다. 그걸 잘 알고 있는 안 선생님도 마음속으로 정대만에게 이 말을 전한다. 그다음, 정대만의 멋진 패스로 채치수가 덩크슛을 넣자, 안 선생님은 정대만에게 작게 승리의 제스처를 보낸다. 정대만도 그것을 알아차리고 같은 제스처로 답하는 장면은 가슴을 뭉클하게 한다.

『슬램덩크』에서 갈등과 좌절을 가장 크게 경험한 인물은 정대만이죠. 중학생 때는 승리를 포기하려는 순간, 안 선생님이 "단념하면 바로 그때 시합은 끝나는 거야"라고 말해준 덕분에 역전할 수 있었어요. 그러나 고등학교 1학년 때는 부상으로 농구부를 떠나고 불량아가 됩니다. 나중에는 기대받는 신입 부원인 송태섭을 질투해 싸움을 걸었는데, 오히려 반격을 받아 자신의 앞니가 부러집니다. 그래서 복수하려고 동료를 이끌고 와 농구부를 무너뜨리려는 어른스럽지 못한 행동을 하기도 합니다. 난투극 이후, 권준호에게서 "철 좀 들어라"라는 말, 송태섭에게는 "누구보다 과거에 얽매이는 건 바로 당신이잖아…"라는 말을 듣습니다.

그러다 안 선생님과 다시 만났을 때, 얼굴을 일그러뜨리며 "농구가 하고 싶어요…"라고 어린애처럼 우는 정대만의 모습은 잊을 수 없어요.

하늘을 찌를 듯한 자존심과 동시에 어린애다운 미숙함과 연약함을 지닌 정대만은 농구부에 복귀한 뒤로 불량아 시절로 인해 생긴 공백을 수없이 후회합니다. 그럼에도 정대만의 3점 슛은 감탄이 나올 정도로 정확하고 아름답죠. 이런 자신의 약점과 줄곧 싸워온 정대만을 안 선생님도 당연히 잘 알고 있습니다. 그만큼 그가 정신적으로 성장한 것도요.

프로 축구선수 나가토모 유토는 "자신의 약점을 인정하면 강해진다. 성장을 위해서는 반드시 그래야 한다"라고 말했습니다. 그렇게 자기 자신의 솔직한 모습과 마주하려면 큰 용기가 필요하죠.

그래도 자신이 무엇을 중요하게 여기는지, 본인만의 가치관을 깨달은 사람은 앞을 향해 걸어갈 수 있어요. 벽에 부딪혀 고뇌하게 되더라도 과거에 이미 성장한 '나'가 지금 고민하는 나를 뒷받침해줄 것입니다.

성장

"성장했기에 부족한 부분이 보입니다."

❶ 사람이나 동식물이 자라는 것. 어른이 되는 것.

　　⟨예⟩ 아이가 성장하다, 병아리가 성장하다

❷ 일의 규모가 커지는 것 = 확대.

　　⟨예⟩ 사업이 성장하다, 경제의 고도성장

'성장'에 대한 명언

바다를 헤엄치는 동안에는 바다가 얼마나 넓은지 모른다.

호조인 인에이 　일본 전국시대 승려

비록 목표가 요원하더라도, 나의 한 걸음이 아무리 작더라도,
멈춰 서지만 않으면 언젠가 반드시 닿는다.

마루오 에이이치로 　만화 『베이비 스텝』 등장인물

높은 산을 오른 뒤에야 오를 산이 더 많다는 것을 안다.

넬슨 만델라 　남아프리카공화국 전 대통령

나는 농구를 할 거야.
난 바스켓맨이니까…!

강백호, #18 「What I Am」에서

북산의 유도부 주장 유창수는 전국 제패를 꿈꾼다. 그는 강백호를 '백 년에 한 번 나올 인재'라고 생각하며 각종 수단을 써서 강백호에게 유도부에 들어오라고 권유한다. 유창수도 초등학생 때부터 친구이자 라이벌인 채치수의 여동생 채소연을 좋아했기 때문에 자신이 가진 채소연의 사진을 미끼로 강백호를 낚으려 한다.

그러다가 "실력으로 (사진을) 뺏을 거야"라는 강백호와 유도 대결을 하게 된다. 유창수에게 너무도 쉽게 당해 휙 날아간 강백호, 그러나 이내 멋지게 반격을 해낸다. 그런 강백호에게 유창수는 "네가 농구부에 들어간 건 소연이에게 잘 보이기 위해서지?" "좋아하지도 않는 농구를 해봤자 소연이가 기뻐할 리 없어"라고 설득한다. 그러자 강백호는 단호하게 이 말을 한다. 채소연이 농구부에 들어오라고 제안했을 때는 "나는 스포츠맨이니까"라고 말했던 그가 이제는 "난 바스켓맨이니까"라고 달리 말하는 모습은 강백호가 얼마나 농구에 진심인지 알게 되는 장면이다.

강백호는 생각한 바를 곧이곧대로 말하는 버릇이 있어서 주변 사람들의 빈축을 살 때도 많죠. 그래도 어떤 사람이 되겠다고 자기 입으로 말했으면 그렇게 되기 위해 노력하는 힘이 엄청납니다.

앞서 이야기했듯이 "내가 누구냐?"라고 자문했을 때 "나는 ○○다"라고 정확하게 대답할 수 있다면, 그 '○○'은 그 사람의 '정체성'입니다. 다만 말한다고 해서 곧바로 '정체성'이 되는 것은 아닙니다. "나는 ○○다"라고 즉답할 수 있을 때까지는 그만한 과정이 필요합니다.

강백호는 채소연에게 "농구, 좋아하세요?"라는 질문을 처음 받았을 때, "좋아합니다. 난 스포츠맨이니까요"라고 대답했죠. 그런데 매일같이 농구를 하다가 '바스켓맨' 쪽이 자기에게 잘 맞는다는 것을 알게 된 후로는 유도부 주장 유창수의 입부 권유에 자신을 '바스켓맨'이라고 즉답합니다. 이때부터 강백호는 '바스켓맨'을 자신의 '정체성'으로 삼았어요. 그가 4개월 만에 크게 성장한 이유도 바로 이것입니다.

'정체성'은 그 사람이 진심으로 몰두하는 '무언가'를 뜻하기도 합니다. 그런 의미에서 『슬램덩크』는 강백호가 '바스켓맨'이라는 정체성을 획득하는 과정을 그린 작품이죠.

자신이 푹 빠져서 할 수 있는 것을 찾아 "나는 ○○다"
라고 결심했을 때 정체성이 싹틉니다. 그렇게 소중한 새싹
이 돋아나면, 그 후부터는 시간을 들여서 정성껏 키워가면 됩
니다.

각오

"각오覺悟는 원래 불교 용어로,
'깨달음을 여는 것'이라는 뜻입니다."

망설임을 떨치고 진실의 도리를 찾는 것. 미리 결심하는 것.
= 마음 준비.

─────── '각오'에 대한 명언 ───────

쏴도 되는 건 총을 맞을 각오가 있는 자뿐이다.

레이먼드 챈들러 작가

싸울 때 걸리적거리는 건 힘없는 자가 아니라 각오가 없는 자다.

쿠치키 루키아 만화 『블리치』 등장인물

사람에게 최종적으로 필요한 것은 지혜가 아니라 각오일지도 모른다.

스도 모토키 코미디언

전혀
너답지 않잖아.

서태웅·#95「파울 4개」에서

상양전에서 점수가 벌어진 북산. 강백호가 전반전에만 파울 3개를 기록했기에 채소연은 "파울 3개야! 주의해!"라고 말한다. 그 말을 들은 강백호는 "소연아! 이 시합은 절대 퇴장당하지 않을게"라고 말하며 마음을 다잡는다. 그런데 채치수에게 "너의 리바운드는 쪼ㅡ금 기대하고 있으니까", 송태섭에게 "너의 리바운드는 이 시합으로 일약 현(지역)내 톱클래스가 됐다"라는 말을 들은 강백호는 상대를 강하게 밀어붙이다가 4개째 파울을 범한다.

그러자 퇴장이 두려워서 거북이처럼 움츠러든다. 그런 강백호를 뒤로하고 정대만과 서태웅이 활약해 동점까지 추격하는데, 서태웅은 불만스러운 표정으로 강백호에게 이 말을 한다. 아픈 곳을 찔린 강백호는 "누가 쫄고 있다고?" "너한텐 절대 지지 않아!"라며 평소의 모습을 되찾는다. 이어서 덩크슛도 넣는데, 공격자 파울로 결국 퇴장당한다. 그러나 서태웅에게서 "아까웠다"라는 말을 듣고, 경기장은 강백호를 향한 뜨거운 함성으로 가득 찬다.

이 세상에 나와 마음이 잘 맞고 내가 존경할 수 있는 사람만 있지는 않지요. 마음에 안 드는 사람이 오히려 더 많을 겁니다. 그래도 이 사회는 상대에 대한 개인적인 호불호는 관계없이 팀으로 성장할 것을 요구합니다.

우리도 서태웅과 강백호처럼 서로 마음이 맞지 않는 상대를 만날 일이 있을 거예요. 그래도 무언가를 같이 해야 하는 경우에, 사적으로는 말 한마디 섞지 않더라도 서로의 특기를 끌어낼 수 있다면 일이 원만하게 풀릴 때가 종종 있습니다. 물론 이와 전혀 반대일 때도 있죠.

중요한 것은 일의 성과를 높이고자 하는 목표에 집중해 상대의 특기를 어떻게 끌어내는지에 있습니다. 강백호는 파울이 두려워 리바운드를 못 하게 되자, 자신의 유일한 특기를 잃었습니다. 그 상태로는 팀에 큰 피해를 줄 것입니다. 그래서 서태웅은 강백호에게 품은 개인적인 감정은 미뤄두고 "전혀 너답지 않잖아"라고 말했습니다.

서태웅이 또 대단한 점은 "너한텐 절대 지지 않아!"라는 강백호에게 "말뿐인 녀석"이라고 도발한 것이죠. 그러자 강백호는 서태웅에게 지고 싶지 않다는 마음으로 곧바로 리바운드를 했고, 서태웅은 그걸 득점으로 이어갑니다. 멋진 '연계 플레이'를 해낸 것이죠.

설령 서로 불편하게 여기는 점이 있더라도 타고난 재능을 합치면 일이 잘 풀립니다. 육아하는 부부의 집안일 분담이나 직장에서의 업무 분담에서도 이런 장면을 흔히 볼 수 있죠. 그러니 어떤 성과를 내고 싶을 때는 서로간의 호불호나 상성을 떠나 서로의 장점을 살려 자기다운 모습으로 임하는 것이 좋습니다.

자기다움

**"자기다움이 어떤 것인지 과도하게 집착하면
오히려 알쏭달쏭할 수 있어요."**

나를 나답게 하는 것 =자기 브랜딩.

(예) 자기다움을 찾다

─ '자기다움'에 대한 명언 ─

네 마음이 옳다고 생각하는 일을 하라.
무슨 일을 해도 비판받을 테니.

엘리너 루스벨트 정치인

네가 짊어져야 할 것은 네 인생뿐이다.

사쿠라기 겐지 드라마 〈드래곤 사쿠라〉 등장인물

우리는 완벽하지 않아도 됩니다.

브렌다 데이비스 정신과 의사

내가
안 되더라도
북산에는
저 녀석들이 있다.
내가
저 녀석들의 재능을
발휘시켜주면 된다.

분명,
현 시점에서 나는
신현철에게 지고 있다!

하지만,
북산은 지지 않는다.

채치수, #246 「주장의 결의」에서

산왕전 후반, 24점 차인 상황에서 강백호가 간신히 슛을 넣자 송태섭은 "반드시 한 번 더 우리에게 흐름이 와!"라고 의욕을 북돋는다. 반면 채치수는 신현철의 능력에 압도되어 시합의 흐름을 보지 못한다. 송태섭이 "정신 차리지 못해! 흐름은 우리 스스로 가져오는 거야!"라고 의욕을 불어넣지만, 무리한 덩크슛을 시도하다가 균형을 잃은 채치수는 신현철과 함께 쓰러진다.

그런데 의식이 가물가물한 채치수에게 요리사 복장을 한 변덕규가 말을 건다. "화려한 기술을 가진 신현철은 도미…. 네게 화려하다는 말이 어울린다고 생각하냐, 채치수. 넌 가자미다. 진흙투성이가 돼라"라고 말이다. 즉, 북산에는 산왕과 달리 채치수 본인이 아니어도 주역이 될 선수가 잔뜩 있다고 알려준 것이다. 그 말을 듣고 "신현철은 신현철… 나는 나…" 하고 마침내 깨달은 채치수의 마음에 떠오른 것이 이 말이다. 그런 다음 '녀석이 나보다 한 수 위라 해도 북산은 지지 않는다. 결코 지지 않아!'라고 포효하며 채치수는 본래 자신을 되찾는다.

책임감이 강하고 성실한 사람일수록 리더의 자리에 섰을 때 팀의 미래가 전부 자신에게 달렸다고 믿기 쉽습니다. 채치수는 그 전형적인 타입이죠. 자신이 신현철을 이기지 못하면 북산이 승리하지 못한다고 믿어서, 열세에 몰릴수록 자신을 더욱 몰아붙여 주변을 보지 못했습니다.

누구보다도 먼저 이러한 채치수의 상태를 알아차린 변덕규는 "저 바보 녀석! 아직도 모르고 있는 건가!"라고 중얼거리더니 더는 참지 못하고 코트에 난입해 "진흙투성이가 돼라"라는 조언을 합니다. 그러는 변덕규도 과거 북산과의 경기에서 채치수의 득점을 막지 못했을 때 '난 팀의 주역이 아니라도 좋다'라고 생각하며 미련을 버린 경험이 있었죠.

이 장면 다음에 안 선생님이 '덕규 군…. 고맙네…'라고 생각하는 장면이 인상적입니다. 변덕규는 주장이라는 같은 위치에 있었던 라이벌이기에 채치수에게 더 설득력이 있는 말을 해줄 수 있었기 때문이죠.

리더가 에이스일 필요는 없습니다. 때때로 자기는 진흙투성이가 되고 몸을 바쳐서라도 다른 멤버의 능력을 살리는 것도 중요하죠. 각자 가지고 있는 힘이 상대보다 약하더라도 팀이 전력을 다하면 이길 가능성이 있습니다.

2022년 FIFA 월드컵에서 일본 국가대표 개개인의 평가를 보면 독일이나 스페인 선수들과는 비교도 되지 않았습니다. 그래도 팀으로는 지지 않는다는 강한 의지가 있었기에 이길 수 있었죠.

변덕규가 요리사 차림으로 무를 깎으며 채치수에게 말을 건 것은 '회가 돋보이도록 도와주는 요소가 돼라'라고 말하고 싶었던 것이겠죠. 이처럼 조력자도 훌륭한 리더가 될 수 있습니다.

책임감

"책임감은 어떻게 활용하느냐에 따라 긍정적으로도, 부정적으로도 움직입니다."

자기 일이나 행위에 책임을 다하려는 마음.

(예) 책임감이 강한 사람

'책임감'에 대한 명언

책임을 지면 보이는 경치가 달라진다.

루이스 그리저드 작가

자립하라. 스스로 독립하지 않으면 남을 돕거나 이끌 수 없으니까.

안도 모모후쿠 기업가

오늘의 책임에서 도망쳤다면
그대는 내일의 책임에서도 도망치지 못한다.

에이브러햄 링컨 미국 전 대통령

그건
백호 군에게 달렸어요.

안 선생님, #194 「합숙」에서

전국대회 1차전이 눈앞까지 닥쳤다. 채소연에게 "전국 제패는 백호에게 달려 있으니까", 이한나에게도 "가장 발전할 가능성이 있는 건… 풋내기 강백호, 바로 너야!"라는 기대 담은 말을 들은 강백호. 안 선생님도 똑같이 생각했기에 북산 농구부가 일주일간 합숙 훈련을 하러 간 동안, 강백호와 맨투맨 합숙에 들어간다. 누가 먼저 열 개의 슛을 넣는지 승부하는데, 안 선생님이 9점, 강백호가 0점으로 끝난다. 자신의 부족한 슈팅 능력에 분통해하는 강백호에게 안 선생님은 철저히 슛 연습을 하자고 한다.

그러자 "그럼 들어가게 되는 건가요?"라고 묻는 강백호에게 안 선생님은 이 말로 답한다. 강백호는 그럼 슛이 안 들어가는 것이 아니냐고 생각한다. 그런 강백호에게 마찬가지로 강백호가 슛을 못 할 거라고 생각하는 상대 앞에서 슛을 넣는다면 "두근두근 가슴이 뛰지 않나?"라고 묻는 안 선생님. 그 말에 의욕이 생긴 강백호는 "…뭘 하면 되는 거죠?"라고 묻고, 안 선생님은 "슛 이만 번이에요"라고 대답한다. 거기에 "이만으로 부족하지 않을까요?"라고 대답하는 강백호는 정말 멋있다.

'흰머리 호랑이'에서 '흰머리 부처'가 된 안 선생님. 그는 부정이나 질책, 폭력과 같이 권력을 휘두르는 언동은 전혀 하지 않고 차분한 말투로 상대방의 주체성을 끌어내는 면이 탁월합니다.

이만 번의 슛 연습을 하게 된 강백호는 연습을 다 하고 나면 슛이 들어가는지 묻는데요. 이때도 안 선생님은 '그렇다'나 '아니다'라고 대답하지 않습니다. 대신 "그건 백호 군에게 달렸어요"라고 말합니다. 그 말을 들은 강백호는 마른침을 삼키며 기합이 들어간 표정을 짓죠.

이후 안 선생님은 강백호의 어설픈 슛을 강백호 군단에게 녹화하게 해 본인에게 보여줍니다. 초보가 상급자로 발전하기 위해서는 자신이 얼마나 못하는지 아는 것이 첫걸음이라는 의도가 있어서죠.

또 지금까지 녹화한 데이터를 보여주며 강백호가 골대 바로 아래에서만 슛을 넣을 수 있다는 걸 알려줍니다. 그걸 통해 현재 자신의 상태를 자각하게 하고, 어떻게 하면 좋을지 생각하게 해 스스로 답을 찾도록 유도합니다. 그러니 슛 이만 번을 명령했을 때, 강백호는 순순히 받아들이고 "이만으로 부족하지 않을까요?"라고 여유롭게 대답합니다.

　야구 감독 노무라 가쓰야는 『말 하나로 사람이 달라진다』라는 책에서 "왜 그런지를 질문해서 선수 스스로 생각하도록 유도하는 것이 중요하다"라고 말했습니다.

　지도자가 바로 답을 주면 선수 스스로 생각하는 힘을 빼앗을 수 있어요. 그러니 안 선생님도 일방적으로 자신이 생각하는 바를 강요하는 방식의 지도는 하지 않습니다. 대신 선수들에게 좋은 질문을 던지지요. 그 질문에 올바른 답을 내리는 데 성공할지 못 할지는 본인에게 달렸습니다.

주체성

"주체성이란 스스로 움직여
주변 상황에 적응하려는 태도를 말합니다."

행동할 때, 자기 의지나 판단에 따라 자각해서 하는 것.
혹은 그런 태도와 성격을 말한다.

'주체성'에 대한 명언

원하는 내가 되는 데 너무 늦었을 때란 없다.

조지 엘리엇 작가

인생은 자기가 바라는 대로 되지 않는다고 생각하는 사람은,
본인 스스로 생각한 대로 되지 않기를 바라는 사람이다.

조셉 머피 성직자·작가

정말 좋아합니다.
이번엔
거짓이 아니라구요.

강백호, #269 「천재 부평에서」

산왕전에서 채치수가 놓친 슛을 억지로 덩크한 강백호. 그러나 신현철이 채치수를 막을 때 파울을 하는 바람에 노카운트된다. 동시에 강백호의 등에 이변이 생긴다. 루스볼을 잡으려다가 내빈석으로 떨어졌을 때 다친 등이 한계에 도달한 것이다. 결국 채치수가 자유투를 던질 때, 강백호는 쓰러져서 벤치로 물러난다.

멀어지는 의식 속에서 "농구, 좋아하세요?"라고 말을 걸던 채소연의 모습이 떠오른 강백호. 이만 번의 슛 연습을 해냈을 때의 성취감, 그리고 채소연이 했던 "리바운드의 왕 강백호!"라는 말도 뇌리를 스친다. 머릿속에서 "농구, 좋아하세요?"라는 말이 몇 번이나 되풀이되던 그 순간, "빌어먹을!" 하고 분기탱천한 강백호는 눈앞에 선 채소연에게 다가가 그 어깨를 잡고 큰 소리로 이 말을 외친다. 농구를 향한 마음을 선언한 것이지만, 주변에서는 채소연을 향한 고백이라고 착각하는, 가슴 떨리는 장면이다.

강백호가 농구부에 들어간 이유는 단순히 채소연에게 잘 보이고 싶은 마음에서였죠. 그래서 농구부 입부를 제안하는 채소연에게 자신이 농구를 좋아한다고 거짓말합니다. 그러다가 연적이라고 여기는 서태웅을 이기려고 연습에 몰두하고 농구의 재미를 알게 되면서, 진정한 '바스켓맨'으로 성장합니다.

등의 통증으로 쓰러져 벤치로 옮겨지는 장면에서도 '이것으로 끝이란 건가요…? 농구…. 이제 농구는… 할 수 없다는 건가요?'라며 괴로워하는 강백호. 그때 강백호의 머릿속에서 채소연은 생각나지 않습니다. 그의 머릿속을 꽉 채운 것은 4개월 동안 했던 농구뿐이죠. 그때 비로소 강백호는 자신에게는 농구밖에 없다는 걸 깨닫습니다.

벤치에 쓰러진 강백호는 그대로 정신을 잃을 뻔하는데, "농구, 좋아하세요?"라는 목소리가 가슴 깊은 곳에서 울립니다. 그리고 채소연의 그 말이 자신을 바꾸어 여기까지 데리고 왔다는 것을 깨닫습니다.

그러니 자기도 모르게 "정말 좋아합니다. 이번엔 거짓이 아니라구요"라고 외친 것이죠. 이것은 강백호가 마침내 자기

'정체성'을 있는 힘껏 움켜쥔 순간입니다. 강백호가 자신의 영혼을 담은 말이죠. 단순히 말하는 것을 넘어 수많은 사람 앞에서 힘차게 외쳤어요. 그렇게 해서 강백호는 시합에 복귀해 자신의 한계를 초월한 모습을 보여줍니다.

말은 강한 힘을 품었다고 하죠. 만약 강백호처럼 진심으로 열중할 무언가를 찾았다면, 있는 힘껏 선언해도 좋습니다. 그렇게 외친 말이 나 자신에게도, 또 주변에도 큰 영향력을 발휘할 테니까요.

열중

"열중하는 동안에는 피곤한 것도, 시간도 잊습니다."

일에 마음을 쏟는 것. 열심히 하는 것. 푹 빠진 것.
혹은 마음을 애태우는 것.

───────── **'열중'에 대한 명언** ─────────

시간의 흐름도 잊고 어떤 한 가지에 열중하는 사람은
반드시 무언가를 이루어낸다.

토머스 에디슨 발명가

열중은 성격을 만드는 원동력이다.

데일 카네기 작가

안 선생님!
농구가 하고 싶어요….

정대만, #71 「BASKET BALL」에서

　　부상으로 인해 농구에서 멀어져 불량아 집단의 리더가 된 정대만은 농구부 신입 송태섭을 질투해 싸움을 걸었다. 그런데 오히려 송태섭에게 얻어맞아 앞니가 부러진다. 그러자 정대만은 복수심에 불타 농구부를 부수겠다고 찾아오는데, 강백호 군단이 가세하면서 열세에 몰린다. 그때 권준호가 "철 좀 들어라…. 정대만…!"이라고 말하며, 영광과 좌절을 겪고 지금에 이른 정대만의 과거를 회상한다.

　　그 이야기에서 안 선생님은 정대만의 은인으로서 큰 존재감을 드러낸다. 사실은 농구가 하고 싶어서 이렇게 방황한다는 것을 주변에서 알아차린 뒤에도 정대만은 농구를 무시하며 자신의 마음을 전면 부정한다. 그러자 송태섭이 "누구보다 과거에 얽매이는 건 바로 당신이잖아…" 하고 정곡을 찌른다. 그때 체육관에 나타난 안 선생님을 본 순간, 가둬놓았던 농구에 대한 사랑이 펑 터진 정대만의 마음속에 "단념하면 바로 그때 시합은 끝나는 거야"라고 과거에 안 선생님이 자신에게 해준 말이 되살아난다. 그 자리에서 울먹거리며 주저앉은 정대만이 이 대사를 말하는 장면은 우리의 눈물샘을 자극한다.

강백호가 '바스켓맨'이라는 '정체성'을 갖추기 시작한 것과 반대로 정대만은 어느 순간 자신의 정체성을 잃었습니다. 비교적 명쾌한 성공 이야기인 『슬램덩크』에서 정대만 무리가 농구부를 무너뜨리러 와 벌이는 난투극은 아주 강렬하죠. 정대만이 이렇게 파괴 행위에 몰두한 이유는 '슈퍼스타 정대만'이라는 정체성을 잃었기 때문입니다.

『슬램덩크』에는 체육관의 문을 닫는 장면이 몇 번이나 나옵니다. 농구부원이 아닌 정대만은 이 밀폐된 신성한 공간에서 배제되죠. 그러니 흙 묻은 신발로 쳐들어와 농구공에 담뱃불을 비벼 끄고 침을 뱉으며 공간을 침범합니다. 신성한 공간을 침범당한 부원들은 농구에 대한 강렬한 사랑을 앞세워 정대만 무리를 몰아내려 합니다. 지켜야 할 것이 있는 부원들과 소중한 것이라곤 아무것도 없는 정대만의 대립이 일어나는 것이죠.

농구에 자기 존재 증명을 걸었던 인간이 '정체성'을 빼앗기면 자기 자신을 잃는 것은 어쩌면 당연합니다. 그러다 존경하는 안 선생님이 나타나자, 자기 자신의 가치를 굳건히 믿었던 중학생 시절을 떠올리며 정대만은 정신을 차립니다. 그 순간, 정대만은 다시 '정체성'을 되찾죠.

사람은 어려운 상황을 극복하고 다시 일어나는 '리질리언스(회복력·복원력)'를 가지고 있습니다. 정대만처럼 어떤 계기가 필요할 때도 있죠. 나 자신을 잃었다는 생각이 들 때는 과거의 자신이 가장 반짝였던 순간을 떠올려보세요. 그때 알고 지내던 사람과 만나는 것도 좋은 방법입니다.

리질리언스

**"리질리언스 Resilience 는 원래 물리학 용어인데,
정신의학에서도 자주 사용합니다."**

곤란하고 위협적인 상황에서도 잘 적응하는 과정이나 능력 혹은
적응의 결과라는 뜻으로, 정신적 회복력이라는 의미로 쓰인다.

'리질리언스'에 대한 명언

불안은 노력의 훈장이다.

사쿠라기 겐지 드라마 〈드래곤 사쿠라〉 등장인물

불안을 떨치고 자기 재능을 믿고 정열을 따르라.

앨런 다운스 심리학자

그날 패배해서 다행이었다고 언젠가 웃으며 말하고 싶어.

아야세 치하야 만화 『치하야후루』 등장인물

재능

6

삶의 길을 찾는 법

난 천재니까!

강백호, 「북산 고등학교 농구부」에서

　　"농구, 좋아하세요?"라고 묻는 채소연의 마음에 들고 싶어서 해본 적도 없는 농구를 "좋아합니다"라고 무심코 대답해 농구부에 들어온 강백호. 우쭐거리기 좋아하는 강백호는 이후로 툭하면 자칭 농구 '천재'라고 주장한다. 주변 사람들이 보기에 그건 처음에는 설득력이라곤 전혀 없는 헛소리였는데, 급성장한 강백호는 정말 천재적인 플레이를 펼치며 북산은 산왕전에서 승리한다. 농구부에 처음 발을 들이며 채소연에게 "괜찮아, 소연아. 난 천재니까!"라고 호언장담한 뒤로 4개월. 스스로 천재라고 믿고 증명하기 위해 우직하게 노력한 강백호가 진정으로 천재 플레이어가 된 순간이었다.

　　북산은 산왕을 이겨 전국대회 3차전에 올라갔으나 패배하고, 강백호는 재활을 시작한다. 농구부 매니저가 된 채소연은 그런 강백호에게 근황을 알리는 편지를 보낸다. "이 재활 훈련이 끝나길 기다리고 있을 테니까. 네가 아주 좋아하는 농구가 기다리고 있을 테니까"라고 말하는 채소연에게 강백호가 마음속으로 대답한 이 말은 작중 마지막 대사다.

스스로 '바스켓맨'이라고 믿으며 정체성을 획득한 강백호는 늘 앞만 보죠. 주변에서는 아무것도 할 줄 모르면서 자신을 천재라고 주장하는 강백호를 어이없어합니다. 그래도 상식이나 재능에 얽매이지 않고, 누가 무시하더라도 자신을 믿는 힘은 아주 중요합니다. '천재'라고 호언장담함으로써 천재적인 능력을 갖춰야 하는 상황으로 자기 자신을 몰아넣는 것이 강백호의 특기입니다.

강백호는 늘 자기 미래에 기대를 걸었습니다. '천재 강백호'라는 말을 반복할 때마다 그의 내면에는 자신감과 희망이 차오릅니다. 실패도 전부 천재에게 필요한 경험으로 받아들이며 자기 긍정감도 높였죠. 이런 식으로 자신의 단단한 정체성을 필요할 때마다 유용하게 쓰는 모습을 보여줍니다.

강백호는 스스로에게 '천재 강백호' '리바운드왕 강백호'라고 말하며 용기를 불어넣어주고, 그 말에 어울리는 사람이 되기 위한 노력을 아끼지 않습니다. 산왕전의 마지막 1초, 강백호는 진정한 천재로 변모하지요. '천재 강백호'도 '바스켓맨'도 일종의 '자기 암시'입니다. 자신이 되고 싶은 무언가를 자기 암시하면서 성공한 사람은 아주 많아요.

야구선수 오타니 쇼헤이도 "야구를 시작한 이후로 지금까지 1위 이외를 바란 적이 없다"라고 말했어요. 이처럼 정체성을 획득하기 위해 짊어져야 하는 '긴장감'을 유용하게 활용하는 사람은 자신이 되고 싶은 대로 변할 수 있어요.

천재

"라틴어 'genius'에는 수호신이라는 의미도 있습니다."

고도의 창조 활동을 하거나 혹은 걸출한 사회적 업적을 달성하는 등
평범한 사람보다 훨씬 뛰어난 능력, 재능을 보이는 인물.

'천재'에 대한 명언

사람은 천재로 태어나는 것이 아니라 천재가 되는 것이죠.

시몬 드 보부아르 철학자·작가

천재가 만들어내는 것은 전부 열정의 산물이다.

벤저민 디즈레일리 정치가

리바운드를 제압하는 자가 시합을 제압한다!

채치수, #24 「내일을 향하여!!」에서

　　강백호는 농구 초보이지만 농구부에 들어오자마자 기본기인 '풋내기 슛', 즉 레이업슛을 채소연에게 배워 세 번에 한 번은 성공시키며, 농구에 대한 이해가 빠른 모습을 보여준다. 드리블 기초도 배운 강백호는 워낙 성급하고 눈에 띄고 싶어하는 성격이라 빨리 화려한 덩크슛을 보여주고 싶어 안달이 난다. 그러나 첫 연습 시합인 능남전 전날, 채치수는 강백호에게 리바운드를 배우라고 지시한다. 리바운드는 골인되지 않은 공을 낚아채는 것이다. 강백호는 "그까짓 거 안 가르쳐줘도 되는데"라며 삐진다.

　　그러자 채치수는 농구계의 격언으로 유명한 이 말을 알려준다. 리바운드를 많이 잡아내면 공격 기회를 그만큼 가지고 와 시합을 제패할 수 있다. 나아가 "천재라면 (하룻밤 연습해서) 어떻게 될지도 모르겠지"라는 채치수의 말에 보기 좋게 넘어간 강백호는 리바운드 특훈을 하고 능남전에 나선다.

『슬램덩크』가 시대 불문하고 읽히는 매력 중 하나는 작중 인물 모두가 기초와 기본을 중시하는 점에 있습니다. 그중에서도 운동신경은 뛰어나지만 농구는 초보인 강백호가 착실하게 연습하며 농구에 능숙해지는 과정은 많은 공감을 부르죠.

주장 채치수가 강백호에게 제일 먼저 하라고 지시한 것은 드리블과 패스 기초 연습입니다. 슛 연습도 아래에서 위로 던져 올리는 '풋내기 슛'부터 시작합니다. 강백호는 이런 것쯤은 쉽다고 무시하는데, 당연히 처음부터 잘할 리 없죠.

그렇게 훈련을 거듭한 강백호는 공을 골대에 '놓고 오는' 감각이 중요하다는 것을 깨닫습니다. 채치수가 가르친 리바운드도 점프력이 뛰어난 강백호의 가장 큰 무기가 되어 나중에는 '리바운드왕 강백호'로 활약하게 되죠. 안 선생님이 가르쳐 준 슛도 그렇습니다. 강백호는 합리성이나 효율성을 따지지 않고 체력이 허락할 때까지 시간을 들여 연습하면서 기술 하나하나를 몸에 익힙니다.

최근 들어 '가격 대비 성능'이나 '시간 대비 성능'을 따지는 사람이 많아졌어요. 『슬램덩크』에서 그려내는 세계는 이와 정반대입니다. 고된 훈련으로 '기술'을 익히는 자만이 연꽃처럼 천천히 재능을 꽃피웁니다. 그런 드라마가 우리에게 감동을 주는 것이죠.

상양전에서 역전승한 북산 멤버들이 라커룸에서 지쳐 쓰러져서 자는 명장면이 있죠. 가격 대비 성능이나 시간 대비 성능처럼 효율을 따지지 않고, 쓰러질 때까지 무언가에 열중할 수 있는 것은 어쩌면 인간만의 특권입니다.

기초

"'기본'은 중심, '기초'는 토대라는 뉘앙스를 가지고 있습니다."

1 일이 구성되는 바탕 = 근본, 밑바탕.
2 건축물을 안정시키기 위해 설치하는 구조물의 제일 아랫부분.
터 다지기, 초석, 토대 등을 포함한다.

─── '기초'에 대한 명언 ───

평면은 기초다. 평면 없이는 의도나 표현의 위대함도 없고,
율동도 입체도 맥락도 없다.

르코르뷔지에 건축가

재능은 모두에게 있으나 능력을 발휘하려면 노력이 필요하다.

마이클 조던 농구선수

이 소리가…
날 되살아나게 한다.
몇 번이라도….

정대만, #261 「SWISH」에서

산왕전에서 안 선생님은 "초반은 정대만!"이라는 작전을 지시한다. 그대로 공격에 나선 정대만은 3연속 3점 슛을 넣으며 완벽하게 포문을 연다. 그러나 '찰거머리'라고 불리는 김낙수의 집요한 수비에 막혀 금세 체력이 한계에 달한다. 경기 후반에는 산왕의 철벽수비인 존 프레스로 20점 이상 차이가 벌어지는데, 다행히 서태웅이 집념 어린 플레이를 보여주며 점수 차를 줄인다.

그때 서태웅의 패스를 받은 정대만은 팔이 올라가지 않아 채치수에게 패스한다. 그런데 그 후에도 서태웅은 상대 팀인 이명헌과 정우성에게 슛이 가로막히자 포기하지 않고, 자신의 왼쪽 뒤에 선 정대만에게 '그 정도로 얼간이는 아니지'라는 기대를 담아 패스한다. 그러자 정대만은 이때껏 가장 높고 아름다운 호를 그리는 슛을 넣는다. 그때 '존'에 들어간 정대만이 "고요하다"라고 생각하며 공이 네트를 흔드는 소리를 듣고 한 대사가 이 말이다. 아무리 힘에 부쳐도 안 선생님에게 받은 은혜를 갚기 위해 정대만은 절대로 포기하지 않는다.

극도의 긴장 상태에서 집중력이 높아지면 잡음이 들리지 않을 때가 있죠. 이는 운동선수들이 '존'이라고 부르는 상태로, 이 '존'에 들어가면 잠재력이 각성해 능력을 최고치로 발휘할 수 있습니다.

정대만도 체력적으로 지칠 대로 지쳤으나 서태웅의 패스를 받고 산왕의 선수가 "녀석은 쏘지 못해!"라고 방심한 틈을 노려 아름다운 3점 슛을 넣습니다. 그 순간, '존'에 들어간 것이죠. 그러니 골대 네트가 흔들리며 '철썩'하는 소리에만 감각이 예리해집니다.

정대만은 정신적으로도 체력적으로도 절대 뛰어난 인물이 아닙니다. 2년이라는 공백기에서 알 수 있듯이 북산 멤버 중에서 가장 방황을 많이 했죠. 그런 정대만은 극한 상태의 '정적' 속에서 들리는 '소리'에 몇 번이고 구원받습니다. 이 마음은 "날 되살아나게 한다. 몇 번이라도"라는 그의 말에서 알 수 있죠.

『슬램덩크』에서 정대만의 인기가 많은 이유 중 하나는 그가 정신적으로 약점을 가졌기 때문이죠. 그가 자신의 공백기를 몇 번이나 아쉬워하는 장면은 마치 우리 자신의 이야기 같습니다. 그러니 독자들은 정대만이 되살아나는 모습에 마음이 움직이죠.

'존'에 들어가기 위해 의식적으로 정해진 의식을 하는 사람도 있습니다. 야구선수 스즈키 이치로도 타석에 들어가기 전에 자신만의 의식을 하기로 유명하죠. 이처럼 언제 어느 때라도 '이것만 있으면 나는 내 능력을 최고치로 발휘할 수 있어'라고 생각할 무언가가 있으면 마음이 든든해질 것입니다.

집중력

"인간의 집중력은 '15분 주기'라고 합니다."

어떤 일에 마음이나 주의를 집중하는 능력.

예 집중력을 높이다

'집중력'에 대한 명언

집중력은 천재가 갖추고 태어나는 것이 아니라
훈련해서 얻는 것이다.

오자와 세이지 지휘자·피아니스트

집중력이야말로 실력 그 이상의 힘을 발휘하게 하는 특효약이다.

모리 오가이 작가·번역가

상대는
180cm로
확실히 커요….

하지만 지금 와서
뭘 두려워하는 거죠?

어릴 때부터 쭈욱~
그랬잖아요.

안 선생님, #220 「싸우기 전」에서

강호 산왕과의 시합 전, 긴장을 감추지 못하는 북산 멤버들. 안 선생님은 각자의 성격에 맞춰 자신감을 회복할 수 있는 말을 건넨다. 복도에서 계속 달리는 송태섭에게는 "그렇게 덮어놓고 뛰면 시합 때 지쳐요…"라고 조언한다. 그러자 송태섭은 "움직이지 않고… 가만히 있으면… 나쁜 생각만 떠올라서요…"라고 힘없이 대답한다.

안 선생님은 송태섭에게 "난 포인트가드 대결에선 우리가 승산이 있다고 보는데…"라며 이 말을 한다. 나아가 "스피드와 빠른 몸동작만큼은 절대 지지 않을 거라 생각하는데… 자네가 그렇게 말하는 걸 보니 내 생각이 틀렸나 보군요"라며 송태섭의 특기를 재확인시키는 것도 잊지 않는다. 안 선생님의 자신감 넘치는 말을 들은 송태섭은 '내게 승산이 있다…!'고 자신감을 되찾는다.

누구나 콤플렉스 한두 개쯤은 가지고 있습니다. 아마 자기 용모에 불만이 있는 사람이 많을 거예요. 그런데 콤플렉스를 자신만의 매력이나 무기로 끌어올린 사람도 있습니다. 코미디언이 특히 그렇죠. 그들은 외모 콤플렉스를 소재로 삼아서 사람들에게 웃음을 주고 인기를 얻습니다.

반면에 콤플렉스를 평생 품고 살면서 정신적으로 약해지는 사람도 있습니다. 이 둘의 차이는 열등감을 에너지로 바꿀 수 있는지에 달렸습니다. 송태섭은 168cm에 59kg으로 농구선수로서는 아주 작습니다. 그래도 자신의 무기인 스피드를 살려 지역 내 최고 수준의 포인트가드로 성장합니다.

그러나 산왕전 전날, "어째서 내 상대는 항상 괴물 같은 놈만 걸리는 건지…" "게다가 모두 나보다 10cm 이상 큰 녀석들이야" 하고 이한나에게 불평합니다. 시합 전의 달리기도 이러한 불만이나 불안을 해소하기 위한 것이죠. 그러니 안 선생님은 지금까지 송태섭이 활약한 면모를 다시 한번 말해주어 자신감을 되찾게 했습니다.

'열등감'은 심리학자 알프레드 아들러가 만든 개념이에요. 아들러 본인도 키가 150cm여서 엄청난 열등감에 시달렸다고 합니다. 그러다가 열등감이 다른 사람과 비교하며 생기는 감정임을 알았습니다. 그래서 타인과의 비교나 평가에 의지하지 않고 자기다움을 추구하면 '자긍심'을 되찾을 수 있다고 생각했다고 합니다.

열등감 자체를 절대적으로 부정할 필요는 없습니다. 그 콤플렉스를 노력이나 성장의 바탕으로 삼을 것인가, 아니면 현실 도피를 위한 변명으로 삼을 것인가. 이에 따라 눈앞에 펼쳐지는 세상은 전혀 달라집니다.

열등감

"열등감을 극복하려는 정신적 작용을 '보상'이라고 합니다."

자기 자신이 타인과 비교해 정신적·신체적으로 어떤 결점을 지녀
무가치한 존재라고 여기는 의식적 혹은 비의식적인 감정 경향.

'열등감'에 대한 명언

결점은 미덕과 표리일체이므로 결점이라는 잡초를 제거하면
장점을 뿌리까지 뽑는 것입니다.

올리버 골드스미스 작가

인간의 가장 위대한 힘은 가장 큰 약점을 극복한 지점에서 생긴다.

카를 힐티 사상가·법률가

드리블이야말로
단신 선수가
살 수 있는
유일한 길이다!

송태섭, #268 「혁강·산왕」전 체력고에서

69 대 76으로 종료까지 몇 분을 남긴 시합 종반, 산왕은 공격의 기세를 전혀 늦추지 않는다. 풀코트 존 프레스를 펼치며 정우성과 이명헌이 북산의 돌격 대장인 송태섭의 드리블을 저지한다. 여유로운 안 선생님도 이때만큼은 산왕의 도 감독을 보며 내심 '엄청난 남자로군, 도 감독! 이 상황에서 존 프레스라니?' '지금부터 시간만 끌면 승리를 장담하는 점수 차다!'라며 놀라움을 감추지 못한다. 송태섭 자신도 '젠장, 뚫지 못하겠어' '이렇게 엄청난 덩치들한테 막혀 있는데 어쩌란 말야'라고 생각하지만, 금세 냉정해지더니 자기 자신에게 이 말을 들려준다.

직후, 송태섭은 지금까지보다 훨씬 예리하고 낮은 전광석화 같은 드리블로 거구 두 사람의 수비를 뚫는다. 키 168cm에 체중 59kg로 농구선수 중에서는 작아도 지역 내 굴지의 포인트가드로 활약한 송태섭이 본 실력을 발휘하는 장면이다. 그와중에 자신이 좋아하는 이한나의 응원을 듣자 한눈파는 면도 송태섭답다.

영화 〈더 퍼스트 슬램덩크〉(2023)는 원작에 없던 송태섭 가족의 이야기와 심상 풍경을 깊이 그렸죠. 산왕전에서 송태섭이 거구 두 사람에 둘러싸여서도 그의 장기인 드리블로 돌파하는 장면은 송태섭이 얼마나 드리블에 열중했는지에 관한 배경을 알면 알수록 의미심장해집니다.

뭐든 평균적으로 해내는 제너럴리스트인 사람과 단 한 가지 뛰어난 재능을 지닌 스페셜리스트가 있다면 누가 더 오래 살아남을 수 있을까요? 재미있는 사실인데, 팀에서라면 후자가 살아남기 좋습니다. 비슷비슷한 선수가 아니라 특성 있는 선수가 희소가치가 높죠.

마이클 조던이 있었던 팀 시카고 불스에는 리바운드를 잘하는 선수, 어시스트를 잘하는 선수, 3점 슈터도 있었습니다. 그런데 조던이 입단한 뒤에도 한동안 팀은 좋은 성적을 내지 못했죠. 그러자 수석 코치인 필 잭슨은 조던에게만 공을 주는 것이 아니라 삼각형을 이루어 공격을 분산하는 트라이앵글 오펜스라는 전략을 세웠어요. 조던뿐만 아니라 다른 선수들도 자신의 특기를 살린 덕분에 좋은 결과를 내 시카고 불스는 승승장구하는 팀이 되었죠.

이처럼 비즈니스 세계에서도 자신의 특기를 갈고닦은 사

람들을 유기적으로 움직여 협력하게 하면 팀은 훨씬 더 강해
집니다. 그러니 자기 개성을 살려 존재가치를 끌어내는 자세
가 중요하죠.

주특기

"당신의 '주특기'가 무엇인지 생각해보자."

❶ 씨름 등의 스포츠에서 자신의 장기인 기술.
그것을 써서 자주 이기는 기술.
❷ (비유적으로) 그 사람이 잘하는 일.
㉾ 암산은 그 사람의 주특기다

─── '주특기'에 대한 명언 ───

사람의 값어치는 장점을 어떻게 활용하는지로 판단해야 한다.
라 로슈코프 건축가

나쁜 점은 누구나 볼 수 있는데, 좋은 점을 찾으려면
그러기 위한 눈을 갈고닦아야 한다.
구로사와 아키라 영화감독

자기 능력은 직접 써보지 않으면 모른다.
유카와 히데키 물리학자

승리

7

최고의 결과를
움켜쥐려는 각오

산양은
내가 쓰러뜨린다!
by 천재 강백호!

강백호, #242 「히든카드」 등장」에서

산왕전에서 큰 점수 차로 절망적인 상황에 빠진 북산, 그때 강백호가 벤치에서 돌아온다. 안 선생님에게 '추격의 히든카드'로서 오펜스 리바운드를 잡으라는 임무를 받은 강백호는 기상천외한 행동을 한다. 내빈석에 올라가 프로그램 북을 메가폰처럼 써서 큰 소리로 선언한 것이다. 그것도 산왕을 '산양'이라고 부르며 제멋대로 행동하는 강백호. 박하진 기자는 "전대미문의 최고 바보야"라며 기막혀하고, 관중들은 야유를 보낸다. 채치수는 "바보 같은 놈!"이라고 외치며 강백호를 향해 주먹질을 하기도 한다.

그래도 강백호가 "이젠 이길 수밖에 없게 되었지" "너희들의 나부랭이 같은 바스켓 상식은 내겐 통하지 않아!"라고 동료에게 말한 순간부터 시합의 흐름이 변한다. 문제아였던 강백호가 처음으로 다른 사람의 기대를 짊어지고 필요한 사람이 되면서 팀의 구세주로 변한 순간이다.

이 말은 생각한 바를 입 밖에 내고 현실로 만들어가는 강백호다운 말입니다. 그렇지만 이 장면은 예상을 벗어나도 너무 벗어났죠. 게다가 산왕을 '산양'이라고 부르며 멍청한 티를 팍팍 내더니 사람들 앞에서 '천재 강백호'라는 소리까지 해 비웃음을 사고 야유를 받아요.

그런데 강백호는 전혀 신경 쓰지 않습니다. 일부러 멍청하게 굴어 포기하려는 분위기가 드리운 팀의 공기를 바꾸려고 나름의 수를 쓴 것입니다. 그다음 "헤헤헷, 어떠냐, 너희들"이라며 북산 멤버들을 부르고 "이젠 이길 수밖에 없게 되었지"라고 의기양양하게 웃는 강백호의 눈빛에서는 그가 경기에 100퍼센트 진심이라는 것이 느껴집니다.

상식을 모르는 초보자는 그 무엇도 두려워하지 않는 강력함으로 새로운 길을 개척할 수도 있어요. 이 장면에서 강백호가 보여주는 말과 행동은 아직 시합이 끝나지 않았는데 결과를 예측하는 것이 멍청한 짓임을 보여줍니다.

"신은 죽었다"라는 말로 유명한 철학자 니체도 절대적인 것은 존재하지 않는다는 사상을 세상에 펼쳤습니다. 또 "많은 것을 어중간하게 아느니 아무것도 모르는 편이 낫다"라는 말을 하기도 했죠.

성공한 사람 중에는 파란만장한 인생을 살아온 이들이 많습니다. 이들은 남들과 비교해 비상식적인 면을 가지고, 정형을 탈피한 모습을 다수 보였죠. 경영의 신이라고 불리는 사업가 마쓰시타 고노스케도 "방도가 없다고 생각하지 마라. 스스로 낭떠러지 앞에 서라. 그때 반드시 새로운 바람이 불 테니까"라는 말을 남겼습니다. 인생은 낭떠러지에 서 있을 때 바로 앞을 향할 기회를 만날 수도 있습니다.

초보자

"초보자는 아직 아무것도 모르기에 약한 동시에 강합니다."

어떤 일에 경험이 얕은 사람. 기예 등에 숙달하지 못한 사람.
혹은 그 일을 직업이나 전문으로 하지 않는 사람.

--- **'초보자'에 대한 명언** ---

모든 탐구는 초보자에게서 시작된다.

파울로 코엘료 작가

인생의 큰 기쁨은 "너는 못 해"라고
남들이 말하는 일을 해내는 것이다.

월터 배젓 경제학자

우리는 스스로 믿은 사람이 된다.

오프라 윈프리 방송인

멍청이!
찬스만 오면
그 모양이니….
침착하란 말야.

채치수, #85 「미스매치」에서

상양과의 시합 중, 서태웅에게 괴이한 경쟁심을 불태우는 강백호는 머릿속에 서태웅보다 점수를 많이 낼 생각만 가득하다. 상양의 공격을 채치수와 더블 블로킹으로 막은 뒤 송태섭에게 패스를 받았을 때도 "맛 좀 봐라, 상양! 천재가 하는 풋내기 슛!" 하고 개인플레이를 하다가 슛을 넣지 못한다. "아앗! 이럴 수가!" 하고 후회해도 이미 엎어진 물. 서태웅도 "멍청한 녀석! 힘이 너무 들어갔어"라고 말하며 상대 팀의 리바운드를 저지하고 점수를 내 강백호의 실수를 멋지게 만회한다.

강백호는 "…이 천재가 초보나 하는 실수를…" 하며 분통해하는데 관중석의 강백호 군단도 "백호야, 지금 건 패스지? 서태웅에게 하는!"이라고 놀리자 "시끄러! 조용히 못 해?!"라며 억지를 부린다. 이 대사는 채치수가 그런 강백호에게 한 말이다. '어쩔 수 없는 녀석이군'이라는 채치수의 심정이 전해져 어느새 미소가 지어지는 장면이다.

사람들의 눈에 띄기 좋아하는 강백호는 자기를 '천재'라 믿어 의심하지 않기에 주변을 보지 못하고 실수를 저지르기도 합니다. 채치수의 머리에 덩크슛을 내리꽂고, 서태웅이 상대편 수비를 뚫었을 때는 그 앞에 서 있다가 부딪치고, 상대 팀 선수에게 공을 패스하기도 합니다.

채치수가 벼락처럼 화를 낸 이 장면에서는, 드리블하는 송태섭 뒤에서 "송태섭, 여기 패스!" 하며 말을 걸어 패스를 받았지만 흥분해버려 넣을 수 있는 '풋내기 슛'을 놓칩니다. 송태섭도 "개인플레이 하지 마, 강백호!"라고 혼냈듯이 이 실패의 원인은 100퍼센트 강백호에게 있습니다.

야구선수이자 감독이었던 노무라 가쓰야는 '불가사의한 승리는 있어도 불가사의한 패배는 없다'라는 말을 자주 했어요. 이 말은 검술 심형도류(일본의 전통 무술) 유파의 마쓰우라 세이잔이 남긴 저서 『조세이시켄단常静子劍談』에 나오는 문장으로, 검도 세계에서 유명한 가르침입니다.

쉽게 말하면, 운이나 우연 덕분에 이길 수는 있어도 질 때는 필연적으로 원인이 있다는 의미입니다. 그러니 기회가 왔을 때에는 흥분해서 공격하지 말고, 실수하지 않게 평정심을 유지해야 하죠.

실패는 성공의 어머니입니다. 원인을 파악해 개선하고 다음을 위해 활용하면 '위기를 기회로' 바꿀 수 있어요. 그러나 기회가 왔을 때 흥분해서 빈틈을 주면, 성공할 수 있는 것도 실패로 끝나 '기회가 위기로' 될 수 있으니 주의해야 합니다.

KEY WORD

평상심

"평상심과 평정심, 비슷한 의미로 쓰입니다."

평소와 다르지 않은 마음. 흔들리지 않는 심리 상태.

예 어떤 때라도 평상심을 잃지 않는다

— '평상심'에 대한 명언 —

인간의 진정한 힘은 격정 속이 아니라 확고한 냉정함 속에 있다.

레프 톨스토이 작가

주변 사건으로 내가 달라질 때가 있다.
그러나 그 때문에 내가 지배당하지는 않는다.

마이야 앤절로 시인·영화배우

어떤 일에 분노를 품는 동안에는 스스로를 제어하지 못한다.
모든 악에 대해서 평정한 저항이 최고의 승리를 가져온다.

카를 힐티 사상가

여기서 무언가 해내지 못하면….
나는 그냥 어리석은 바보에 지나지 않아.

정대만, #94 「어리석은 바보에게」

상양과의 시합 전에 화장실에 간 정대만은 마침 들어온 상양 선수들이 자기 이야기를 하는 것을 알고 귀를 쫑긋 세운다. 그들은 중학생 시절에 MVP를 받은 대단한 선수라고 정대만을 인정하면서도 그중 장권혁은 "하지만 그때가 정대만의 전성기였지" "어쨌든 정대만을 5점 이내로 막아보겠어"라고 말한다. 그 말을 들은 정대만은 적의를 품지만, 시합 전반에는 결국 5점밖에 내지 못하고, 후반에는 상양이 역전한다. 게다가 맞대결 중에 정대만의 체력이 떨어진 것을 간파한 장권혁은 정대만에게 전반에 낸 5점이 끝일 거라고 말한다.

그러나 과거의 영광도 역경 속에서 거머쥐었다는 것을 떠올린 정대만은 마음을 다잡고 3연속 3점 슛을 넣는 멋진 모습을 보여준다. 이 대사는 바로 그다음 장면에서 2년간의 공백기를 후회하는 정대만이 "내가 들어왔는데 8강 정도에서 끝날 것 같으냐!"라면서 자신에게 한 말이다. 동시에 머릿속에 스친 것은 불량아 시절의 자신과 안 선생님의 모습이었다.

『슬램덩크』의 등장인물 중 정대만처럼 몇 번이나 역경을 극복한 선수도 없습니다. 정신적으로도 체력적으로도 한계에 다다라서 쓰러질 것 같은 정대만이 무섭도록 반격에 나서 아름다운 슛을 넣는 장면은 몇 번을 봐도 가슴이 뜨거워져요. 그의 내면 깊은 곳에 있는 마그마 같은 에너지는 엇나갔던 과거 자신에 대한 분노와 원통함에서 나오는 것이죠.

정대만은 안 선생님의 가르침을 받으며 농구를 하고 싶어서 북산에 입학했습니다. 그런데 무릎 부상으로 농구를 그만두고 잘못된 길로 들어서며 "마지막까지… 희망을 버려선 안돼. 단념하면 바로 그때 시합은 끝나는 거야"라는 은사의 가르침을 완전히 등집니다. 엇나가는 정대만을 보는 안 선생님의 마음은 참으로 안타까웠을 겁니다.

정대만은 '어리석은 바보'였던 과거의 자신을 용서하지 못합니다. 그래도 자신의 오명을 회복하고 안 선생님에게 받았던 은혜를 갚기 위해 자책과 후회라는 부정적인 감정을 떨치고, 그것을 새로이 일어나는 힘으로 바꿉니다.

인도에 독립을 가져온 마하트마 간디는 "괴로운 경험을 통해 최고의 교훈을 한 가지 배웠다. 그건 바로 분노를 조절하는 법이다. 축적된 열기가 에너지로 바뀌듯이 억제된 분노도 이 세계를 움직이는 힘으로 바꿀 수 있다"라고 말했습니다. 철학자 아리스토텔레스도 "분노는 때때로 도덕과 용기의 무기가 된다"라고 말했습니다. 부정적인 감정이 꼭 나쁜 것만은 아니에요. 그것을 긍정적인 감정으로 전환할 수 있다면 이는 아주 큰 힘이 됩니다.

오명 회복

"오명은 이름이나 명예가 더러워졌다는 뜻입니다."

자신에게 달린 꼬리표를 떼어내고 명예를 회복하는 것.

예 오명 회복을 이루다

'오명 회복'에 대한 명언

모든 것을 잃어도 아직 미래가 남아 있다.

리스천 네스텔 보비 작가

성공하고 싶다면, 성공할 때까지 절대 포기하지 말라.

앤드루 카네기 기업가

이루고자 하는 뜻을 단 한 번의 패배로 버리지 말라.

윌리엄 셰익스피어 작가

우리나라
최고의 선수란
어떤 선수라고
생각하냐….
아마 팀을
우리나라 최고로
이끄는 선수이겠지.

내가 그렇게 한다.
한 발자국도
물러설 생각은 없다.

서태웅, #208 「에이스의 통명」에서

풍전의 남훈과 강동준은 어려서부터 존경하던 풍전의 전前 감독, 노 선생님이 가르친 팀플레이 '런 앤 건'에 집착했다. 왜냐하면 그들이 공격적인 스타일로 전국 제패를 이루면, 베스트 8 이상으로 올라가지 못했다는 이유로 해고된 노 선생님의 가르침이 옳았다고 증명할 수 있기 때문이었다. 그래서 에이스 킬러라고 불리는 남훈은 고의로 상대편 선수에게 팔꿈치를 휘두르고, 그 움직임에 희생양이 된 서태웅이 왼쪽 눈을 다친다. 그런데 서태웅은 남훈에게 이 대사를 말하고, 한쪽 눈으로도 연속해서 슛을 넣는다.

서태웅의 모습에 압도된 남훈은 동요하고, 작전 타임 중에 강동준이 그런 남훈에게 화를 내면서 팀의 내부 분열이 일어난다. 이후 여덟 번 연속으로 슛을 놓쳐 최악의 상태가 된 남훈. 그때 노 선생님이 했던 "농구는 좋아하나?"라는 말을 떠올리고, '게임 그 자체를 즐긴다는 걸… 계속 잊고 있었던 것 같다…' 하고 반성한다. 북산에 진 뒤, 약사의 아들인 남훈은 서태웅을 찾아와 미안하다고 사과하며 약을 건넨다.

서태웅은 안 선생님에게 유학 상담을 하러 갔다가 "우선은 우리나라 최고의 고교 선수가 되도록 하게"라는 말을 들은 뒤로 '국내 최고의 선수'라는 말을 강하게 의식합니다.

전국대회에 가기 전에 서태웅은 윤대협과 공원에서 일대일을 합니다. 그때, 윤대협에게 "넌 그 재능을 충분히 살리지 못하고 있어" "일대일도 공격 기술 중 하나에 지나지 않는다. 그것을 깨닫지 못하는 동안엔 네게 지지 않아"라는 말을 듣고 무언가 깨닫죠.

고등학교 1학년이면서 슈퍼루키라고 불리는 서태웅은 자의식이 강하고 개인플레이에 치중하는 경향이 있어요. 윤대협은 바로 그것이 그의 약점이 된다고 알려주고 싶었을 겁니다. "그럼 가 볼까"라는 윤대협의 말버릇만 봐도, 그가 동료들과의 팀플레이를 즐기는 것을 알 수 있죠.

윤대협의 말을 회상하며 서태웅은 생각합니다. '국내 최고의 선수가 되려면 무엇이 필요한가? 어떻게 해야 국내 최고가 될 수 있는가?'라고 계속 생각한 끝에 내린 결론이 바로 에이스 킬러 남훈에게 한 이 말입니다.

팀플레이가 무엇인지 재확인한 서태웅의 눈에 상대방을

다치게 하면서까지 이기려는 남훈의 모습은 오히려 딱하게 보였을지도 몰라요. 그러니 남훈 때문에 다쳤음에도 이 말을 하고 싶었던 거겠죠.

존 레논은 "혼자 꾸는 꿈은 단지 꿈일 뿐이다. 그러나 다 같이 꾸는 꿈은 현실이 된다"라고 말했습니다. 독선적으로 하다가 일이 잘 풀리지 않았다면, 존 레논의 말과 서태웅의 대사를 떠올려보세요.

팀플레이

"개인주의 시대에도 팀플레이 정신을 잊으면 안 됩니다."

개인의 성적보다 팀의 승리나 일의 원만한 진행을
우선하는 공동 플레이.

'팀플레이'에 대한 명언

재능으로 시합을 이길 수는 있다.
그러나 팀워크와 지성은 팀을 우승으로 이끈다.
마이클 조던 농구선수

이기는 팀이란 잘하는 사원만 모아놓은 집단이 아니다.
다양한 개성과 능력을 갖춰 팀워크로 일을 완수하는 집단이다.
제시 오언스 육상선수

시합이 끝났을 때 알게 되겠지요. 이 책이 옳은지 틀렸는지를요. 이 책이 틀렸다는 걸 알려주도록 합시다.

안 선생님, #200 「A랭크 통전 · C랭크 북산」에서

염원하던 전국대회를 앞두고, 첫 시합인 풍전과의 시합을 위해 전날 대회장으로 향하는 북산. 숙소에서 잡지 『주간 바스켓볼』에 실린 사전 평가를 읽던 정대만은 A랭크인 해남대부속고를 위협했던 북산이 C랭크인 것을 받아들이지 못한다. 게다가 풍전은 A랭크다. 전국 제패를 꿈꾸는 채치수는 더욱 긴장한다.

시합 전에 사전 평가를 본 안 선생님은 "훗훗, 이거 좋은데요!"라고 재미있어 하며 "오히려 부담 없고 좋지 않은가요? 이걸 본 사람은 아마 누구도 우리가 이기리라곤 생각지 않을 거예요"라고 말한다. 이어서 싱긋 웃으며 멤버들에게 한 대사가 바로 이 말이다. 안 선생님의 자신만만한 말 덕분에 "좋아"(송태섭), "가자"(채치수) "으라차!"(강백호) 하고 기합을 넣는 북산 멤버들. 그들은 채치수의 "풍전을 무찌르자!"라는 힘찬 외침과 함께 시합에 나선다.

중요한 시합이나 프로젝트 성공을 방해하는 가장 큰 적은 리더나 멤버를 뒤흔들고 불안하게 만드는 불필요한 정보입니다. 북산은 시합 전날, 시합 상대인 풍전은 'A'랭크이고 북산은 'C'랭크 평가를 받은 것을 알게 되면서 처음으로 이러한 위험에 직면합니다. 그런데 안 선생님은 낮은 평가를 역으로 이용해 "틀렸다는 걸 알려주도록 합시다"라는 말로 오히려 멤버들의 의욕을 끌어냅니다.

야구 감독 오치아이 히로미쓰는 독자적인 철학을 자신만의 방식으로 밀고 나가며 언론을 기피한 것으로 유명합니다. 오치아이 감독도 "제일 나쁜 건 말이지, 프로 야구로 예를 들면 '흠, 어쩔 수 없지'라고 (감독이) 생각하는 것이다. 그러면 선수들도 어쩔 수 없는 선수로 끝나거든"이라고 말했습니다. 나아가 "팬이나 언론이 아무리 무시하고 현실적으로 우승이 어렵더라도 '우리는 우승을 노린다. 그럴 전력이 있다'라고 외부에 말하는 것이 진정한 지도자다"라고 한 오치아이 감독의 사고방식은 안 선생님과 비슷합니다.

감독이 시합 전부터 '못 이기겠지'라고 생각하면 그 시점에서 패배한 것과 다름없습니다. 반대로 가진 실력보다 높은 수준을 기대하면 선수들은 기대 이상의 결과를 내려고 하죠.

『자본론』을 쓴 철학자 카를 마르크스도 "자기 길을 걸어라. 남들은 저 좋을 대로 말하게 둬라"라고 말했습니다. 지금처럼 정보과잉 시대일수록 이 말의 무게감이 커지죠. 불필요한 정보에 휩쓸리지 말고 자신을 믿는 것이 승리로 가는 지름길입니다.

평가

"주변의 평가는 '나의 과제'가 아니므로
무겁게 받아들일 것 없습니다."

❶ 물품의 가격을 정하는 것. 또 그 가격.
❷ 선악, 미추 등의 가치를 정하는 것. 혹은 그 가치.
가치 있는 것을 말하기도 한다.

─ '평가'에 대한 명언 ─

중요한 것은 '무엇이 되어야 하는가'가 아니라
'무엇이 되고 싶은가'이다.

우쇼다 하치겐 만화 『불리치』 등장인물

보는 방식에 따라 모든 것이 달라진다.

장자 사상가

자기 길을 걸어라. 남들은 알아서 말하게 하라.

카를 마르크스 철학자

반드시
뭔가 이길 방법은
있을 터….
그들도
같은 고교생이다.

승부에 '절대'라는 말은 없으니까.

안 선생님, #218 「북산 철저해부」에서

산왕과의 시합 전날, 긴장이 극에 달한 북산 멤버들은 각자 시간을 보낸다. 전국대회 3연패를 자랑하는 강호와 대결하는 것 자체가 상상도 못 했던 일이라는 것만은 모두가 인식했다. 한편 산왕의 도 감독도 방심하지 않고 산왕 졸업생 팀을 '가상 북산'으로 세워 현역 팀과 시합을 시키는데, 현역 팀이 압승을 거둔다. 그 시합을 취재한 기자 박하진은 지금의 산왕이 최근 10년 중 최강이라고 평가한다. 안 선생님도 산왕의 스타팅 멤버 표를 보며 '사각은 없단 말인가…' 하고 생각에 잠긴다.

그러나 직후, 이 말을 이어간다. 바로 그때, 도 감독도 "(매년) 승부에 '절대'라는 말은 없다! 라는 말을 곧잘 사용합니다만 올해의 우리 팀에게는 말할 필요가 없어요" "그 녀석들이 그것을 제일 잘 알고 있습니다"라고 기자에게 설명한다. 두 감독의 그런 모습이 나오고, 호텔에 돌아온 강백호가 소파에서 잠든 안 선생님이 "이길 수 있다…"라고 중얼거리는 모습을 보는 장면이 나온다. 탁자 위에는 작전을 고안하려고 노력한 자료가 가득하다.

비디오로 산왕의 이전 시합 영상을 보고 그들의 절대적인 실력에 겁을 먹은 북산 멤버들. 그와 대조적으로 산왕 멤버들은 북산의 시합을 보고 꼼꼼히 작전을 세웁니다.

안 선생님은 동요하는 멤버들에게 '단호한 결의'의 필요성을 말하고, 혼자 산왕 선수들의 비디오를 반복해서 보죠. 그 결과, 강호에게서 흔히 보이는 방심이나 틈이 없다는 것을 알고 "사각은 없단 말인가…" 하고 순간 생각합니다. 그러나 곧바로 '반드시 뭔가 이길 방법은 있을 터…. 그들도 같은 고교생이다'라고 생각을 바꿉니다.

아무리 강한 상대라지만 산왕의 선수들 역시 또래 청소년입니다. 그들은 고교 농구계에 군림하는 강호 고교이니만큼 절대 질 수 없다는 압박도 받습니다. 안 선생님은 그것을 꿰뚫어보고 시합 전에 '지금껏 그들이 싸워온 팀과는 다르다는 생각을 심어주는 게 중요해요'라고 조언합니다.

첫 전술은 송태섭과 강백호로 기습 공격을 하는 것이죠. 송태섭이 던져올린 공을 강백호가 멋지게 덩크슛하는 앨리웁 플레이를 성공하자, 산왕이나 관중 모두 큰 충격을 받습니다. 안 선생님은 '소극적인 플레이를 펼치다간, 산왕의 기세가 걷잡을 수 없이 오를 겁니다'라고 판단하고 선제공격을 펼쳤습니다. 그 후로도 강백호를 공격의 중심으로 삼는 등 북산의 강점을 최대한 발휘하는 두뇌전을 벌입니다.

전술의 천재 나폴레옹은 "깊이 생각해야 할 때는 시간을 들여라. 그러나 싸움이 벌어지면 생각을 그만두고 뛰어들어라"라고 말했습니다. 수준 차이가 역력하더라도 사고력을 무기로 삼아 강한 태도로 나가는 것도 중요해요.

절대

"'대립을 초월하는 존재'를 뜻하는
불교 용어에서 온 말입니다."

1 달리 비교할 것이나 대립하는 것이 없는 것. 혹은 그런 모습.

2 다른 무엇으로도 제약·제한되지 않는 것. 혹은 그런 모습.

─ '절대'에 대한 명언 ─

기적은 포기하지 않는 녀석의 머리 위에만 내려오는 법이다!
기적을 우습게 보지 마라!

엠포리오 이반코프 만화 『원피스』 등장인물

희망이 있는 곳에 인생도 있다. 희망이 새로운 용기를 주고,
다시 강한 마음을 품게 해준다.

안네 프랑크 홀로코스트 피해자

낙천가는 어려운 상황에서 기회를 끌어낸다.
비관론자는 기회 속에서 어려움을 본다.

윈스턴 처칠 정치가

전반전은
모두 잘해줬어요.
하지만 잊지 마세요.
아직 후반전이
남아 있습니다.
산왕을 무너뜨리기 위한
진짜 도전은…
지금부터
시작되는 거예요.
여러분의 기술…
여러분의 정신…

여러분의 체력…
갖고 있는
모든 것들을…
이 코트에서
보여주세요.

『슬램덩크』#233, 안 선생님

♢

　　　산왕과의 시합 전반전은 북산이 선제점을 얻은 뒤 득점이 이어졌고, 강백호가 '공격의 중심'이 되어 경기를 끌어간다. 이 전략을 두고 "이건 국지전이에요. 즉, 아무리 실력 차가 있어도 이 부분만큼은 반드시 이길 수 있다고 하는 포인트로 승부하는 겁니다…"라고 말하는 안 선생님. 거구지만 기술력이 부족한 신현필(신현철의 동생)과 강백호의 일대일 대결이라면 북산 쪽이 유리하다고 본 것이다. 그 과감한 작전이 먹혀들어 북산이 2점 앞선 채 후반전에 돌입한다. 이 대사는 이때 안 선생님이 멤버들에게 한 말이다.

　　　우승이 당연하기에 패배가 용납되지 않는다는 압박을 가진 왕자 산왕을 상대로 전반전에서는 기습 공격이 잘 먹혔지만, 이미 그들은 극복했을 것이다. 이제부터는 정신력, 기술, 체력 이 모든 에너지를 쏟아야만 이길 수 있다는 강렬한 메시지를 "갖고 있는 모든 것들을 이 코트에서 보여주세요"라는 안 선생님다운 다정한 말로 멤버들의 등을 밀어준다.

산왕전 전반은 안 선생님의 전략이 빛을 발해 북산의 2점 리드로 끝났습니다. 산왕이 북산의 선제공격에 당황해서 제 실력을 발휘하지 못했기에 나온 결과죠. 이어지는 후반에서는 똑같은 수법이 통하지 않을 테니 안 선생님은 멤버들에게 '진짜 도전은 지금부터 시작되는 것'이라고 말합니다.

후반전, 산왕은 올코트 프레스로 압박 수비를 시작합니다. 산왕에 패배한 경험이 있는 해남의 남 감독은 그 모습을 보며 "이 작전에 말려들면 먼저 침착함과… 냉정한 판단력을 잃는다. 그리고 자신감을 잃게 되고… 마지막으로 공격 의욕도 사라지게 된다"라고 말합니다. 그렇기에 해남과 산왕의 시합을 미리 본 안 선생님은 '정신력·기술·체력' 전부를 쏟으라고 멤버들을 격려했습니다.

스포츠 닥터 쓰지 슈이치는 책 『강백호처럼, 영광의 순간을: 슬램덩크 승리학』에서 "일류 선수일수록 승리를 위해 필요한 것이 무엇인지 알고 있고, 언제나 그러기 위해 자기 자신의 변화를 갈망한다"라고 말했습니다. 설령 시합 중이라도 '심기체(정신력·기술·체력)'를 새롭게 변화시키는 것이 중요하다는 것입니다.

후반전에서 채치수는 잠깐 슬럼프에 빠졌다가 변덕규의 말을 듣고 달라집니다. 강백호와 서태웅도 각자 자신만의 플레이 스타일을 점점 발전시키죠. 그 모습을 지켜보던 해남의 전호장이 "이 녀석들… 점점 달라지고 있다…!"라면서 놀랄 정도였어요.

결과를 먼저 원하는 것이 아니라 일단 에너지를 심기체에 쏟아부어 언제든 변화할 수 있는 자세를 갖추면 결과는 그 뒤에 자연스럽게 따라옵니다.

심기체

**"세 가지 요소를 먼저 익힐 것.
다음으로는 균형이 중요합니다."**

무인·스포츠 선수 등이 중요하게 여기는 정신력·기술·체력의
세 가지 요소. 일본 전통 무술에서 시작된 용어다.

'심기체'에 대한 명언

심기체가 어째서 정신력,
즉 마음에서부터 시작하는지 이해했습니다.

노무라 다다히로 유도 선수

기술과 마음을 다 갖춘 자가 프로 아닐까요.

기무라 아키노리 농부

어차피
이렇게 된 거 믿어보자.
반드시 이긴다고.
우리가 처음
농구부에 들어왔을 때를
생각해 봐.

지금까지 남아 있는 건 그때 진정으로 전국 제패를 믿었던 녀석들뿐이잖아.

권준호, #217 「새벽이 천재」에서

산왕과 해남의 시합을 비디오로 보고 산왕의 실력에 경악한 북산 멤버들은 의기소침해진다. 서태웅은 정우성이 국내 최고의 고교 선수라는 걸 인식하고, 송태섭은 키가 훨씬 큰 이명헌을 마크해야 한다고 이한나에게 불평한다. 한편, 채치수는 자신이 처음으로 샀던 농구 잡지 표지에 있던 학교가 바로 산왕이었다고 말한다. 그때 굉장히 강렬한 인상을 받아, 전국 제패를 상상할 때마다 결승 상대는 항상 산왕이었다는 고백을 한다. 그러나 정대만이 "그래서 이겼냐? 상상 속에선" 하고 묻자 입을 다문다.

그때, 권준호가 채치수와 정대만에게 이 말을 한다. 권준호는 정대만이나 채치수만큼의 재능은 없다. 그러나 삐뚤어진 정대만이 농구부에 쳐들어왔을 때, "전국 제패가 어쨌다구···? 뭐가 전국 최고냐?! 뭐가 북산을 강하게 만든다는 거야. 꿈 같은 소리 지껄이지 마!"라고 매섭게 비난한 적이 있다. 그 대사에서 권준호가 얼마나 진심으로 전국 제패를 꿈꿨는지 알 수 있다.

'초지일관' '바라면 이루어진다'라는 말처럼, 뜻한 바나 소망을 포기하지 않고 노력하는 것이 얼마나 중요한지 알려주는 말은 스포츠 외에서도 흔히 사용합니다.

농구를 좋아하고 재능도 있는 채치수와 정대만은 전국 제패를 꿈꿉니다. 권준호 역시 같은 꿈을 꾸고 있어요. 마침내 그 꿈을 이룰 기회가 왔는데, 강한 상대 앞에서 두 사람의 마음이 약해져 버립니다. 그런 때에 권준호가 이런 말로 용기를 주는 모습에서 그의 마음 또한 두 사람과 다를 바 없이 진심이라는 것을 알 수 있습니다. 권준호의 냉정함과 강한 정신력은 북산을 뒤에서 든든히 받쳐주었죠.

세 사람의 대화를 우연히 엿들은 강백호가 '이봐, 고릴라. 여기에도 있다고. 전국 제패를 믿는 천재가'라고 속으로 중얼거리는 장면도 인상적입니다. 3학년이 졸업한 뒤에 주장을 맡게 되는 송태섭도 당연히 같은 뜻을 품었죠.

어느 세계라도 마찬가지지만, 승리를 얻는 자와 성공하는 자는 자신이 그렇게 할 수 있다고 진심으로 믿고 있습니다. 승리나 성공을 믿지 않는 사람이 믿는 사람을 이길 리 없죠.

일본의 프로 야구단 요미우리 자이언츠의 종신 명예 감독인 나가시마 시게오의 좌우명은 "진심으로 하면 어지간한 일은 해낼 수 있다. 진심으로 하면 뭐든 재미있다. 진심으로 하면 누군가가 도와준다"라고 합니다.

승리를 목표로 하는 세계에 속한 사람이라면 모두 다 진심으로 임해야 하는 법이죠.

진심

"이 명대사는 진심을 쏟는 일이 얼마나 훌륭한지 알려줍니다."

❶ 진지한 마음. 진실하게 대하는 의식·마음가짐.

❷ 통상적인 의식 =제정신.

─── '진심'에 대한 명언 ───

진심으로 성공하고 싶다면, 얼렁뚱땅하지 말 것.

나폴레온 힐 작가

노력한 자가 뭐든 보상받는 것은 아니다.
그러나! 성공한 자는 모두 노력했다.

카모가와 겐지 만화 「더 파이팅」 등장인물

내 생애, 단 하나의 후회도 없다.

라오우 만화 「북두의 권」 등장인물

삶의 에이스가 되는 『슬램덩크』의 말

강백호처럼 달리고, 서태웅처럼 던져라

©사이토 다카시, 2024

초판 1쇄 인쇄일 2024년 8월 14일
초판 1쇄 발행일 2024년 8월 26일

지은이   사이토 다카시
옮긴이   이소담
펴낸이   정은영
편집   전지영 최찬미
디자인   홍선우
마케팅   최금순 이언영 연병선 윤선애 송의정
제작   홍동근

펴낸곳   ㈜자음과모음
출판등록   2001년 11월 28일 제2001-000259호
주소   10881 경기도 파주시 회동길 325-20
전화   편집부 (02)324-2347, 경영지원부 (02)325-6047
팩스   편집부 (02)324-2348, 경영지원부 (02)2648-1311
이메일   inmun@jamobook.com

ISBN 978-89-544-5139-0 (03190)